практический курс
Правовые вопросы иностранцев в России
（в диалогах）

俄罗斯法律问题
实用教程

宫 楠

[俄]鲁迪赫·阿列克谢·维塔利耶维奇　主编

黑龍江大學出版社
HEILONGJIANG UNIVERSITY PRESS
哈尔滨

图书在版编目（CIP）数据

俄罗斯法律问题实用教程 / 宫楠，（俄罗斯）鲁迪赫·
阿列克谢·维塔利耶维奇主编 . -- 哈尔滨 ： 黑龙江大学
出版社，2021.10（2022.8 重印）
　ISBN 978-7-5686-0667-7

　Ⅰ . ①俄… Ⅱ . ①宫… ②鲁… Ⅲ . ①法律－俄语－
教材 Ⅳ . ① D9

中国版本图书馆 CIP 数据核字（2021）第 153825 号

俄罗斯法律问题实用教程
ELUOSI FALÜ WENTI SHIYONG JIAOCHENG
宫　楠　[俄]鲁迪赫·阿列克谢·维塔利耶维奇　　主编

责任编辑　张微微
出版发行　黑龙江大学出版社
地　　址　哈尔滨市南岗区学府三道街 36 号
印　　刷　三河市佳星印装有限公司
开　　本　720 毫米 ×1000 毫米　1/16
印　　张　9.75
字　　数　150 千
版　　次　2021 年 10 月第 1 版
印　　次　2022 年 8 月第 2 次印刷
书　　号　ISBN 978-7-5686-0667-7
定　　价　36.00 元

前　　言

　　《俄罗斯法律问题实用教程》主要针对中国企业和公民对俄经贸往来和旅游交流中，在法律风险识别和防范方面所暴露出的不足，尤其着重提示和解决由于对俄罗斯相关具体法律规定缺乏足够了解，而在通关、出入境、人身保护、消费者权益、纠纷解决、知识产权、公司设立经营等领域遇到的种种法律问题。为此，本教材根据具体问题领域，参照俄罗斯相关法律规定设计课程体系，将各法律部门基本法律规定、专业词汇与生活工作实践相结合，通过情景对话、背景知识和幽默贴士等形式，将具体法律问题、风险防范和解决方法展现出来，帮助读者学习理论知识的同时，通过具体情境沉浸式互动对话体验，识别在俄工作、学习和生活中可能遇到的法律风险，并知晓相应的解决路径。

　　《俄罗斯法律问题实用教程》可作为高等院校俄语翻译和法律专业的语言教材，也可作为社会上具有相应知识背景、从事法律实务工作的各类人员的俄语自学教材。此外，本书也可供法学专业研习俄罗斯法律的学生、从事对俄交流与合作以及对俄罗斯法律感兴趣的人士使用。

　　在编写过程中，俄罗斯远东联邦大学校长、科学院院士 B. И. 古里洛夫作为顾问为本教材提供了宝贵建议，在此表示衷心的感谢。

编者

2021 年 4 月

1

Оглавление

Действующие лица основных текстов:

Алексей — юрист, друг Ван Вэя

Ван Вэй — студент из Китая, друг Алексея

目　　录

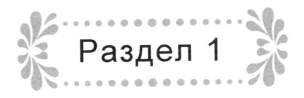

Раздел 1

Судебная защита

Урок 1

Иск

Диалог

Как подать иск?

Ван Вэй: Алексей, расскажи, пожалуйста о том, как **подать иск** в суд?

Алексей: Для начала необходимо **выяснить**, не прошел ли **срок исковой давности**. Обращаться с требованием в суд нужно обязательно в пределах срока исковой давности, потому что его истечение может быть основанием для **отказа в иске**. Затем необходимо определить, кто несет ответственность за ситуацию, в которой были нарушены ваши права. Ты можешь подать иск как к физическому или юридическому лицу, так и к государственному органу. Ответчиков может быть и несколько. После этого нужно определить **цену иска**. То есть нужно определить размер компенсации, которую ты планируешь взыскать с ответчика. В заключении, необходимо передать иск в суд по **подсудности дела**. Для этого ты сначала должен узнать в какой именно суд следует подать заявление. Обычно иск подается в **суд общей юрисдикции** по месту нахождения ответчика. После того, как ты точно определишь какой суд должен рассматривать твое дело, можно подавать заявление. Для этого существует два пути: непосредственное вручение искового заявления работнику **канцелярии суда** и отправка искового заявления по почте.

Ван Вэй: А как подать свое заявление лично?

Алексей: Помни, что при себе следует иметь документ, удостоверяющий личность подателя заявления. Без него тебя не пустят в здание суда. Если ты впервые приходишь в суд и не знаешь, в какой именно кабинет необходимо сдать исковое заявление, необходимо спросить об этом у **судебного пристава**, который обязательно находится на входе в здание суда, или у любого сотрудника суда. Работник канцелярии суда, которому передается исковое заявление, должен его зарегистрировать, и на одном из экземпляров искового заявления сделать отметку о дате получения заявления и **входящем номере**. Этот экземпляр остается у заявителя.

Ван Вэй: А могут ли не принять мой иск?

Алексей: Надо быть готовым к тому, что иногда недобросовестные работники суда, пользуясь юридической неграмотностью гражданина, могут отказать в приеме заявления. Так, например, заявителю могут предложить прийти на прием к самому судье или к его помощнику, для того, чтобы они ознакомились с исковым заявлением до его регистрации в канцелярии. Однако такое посещение — это право гражданина, а не обязанность. Кроме того, **истцу** могут сказать, что судья находится в отпуске, поэтому исковые заявления суд временно не принимает. Отказ в принятии искового заявления в данной ситуации также не имеет под собой никаких законных оснований, т. к. отпуск, болезнь или другие жизненные ситуации, в которых оказывается судья или иной работник суда, не должны препятствовать осуществлению вашего права на обращение в суд.

Ван Вэй: Так значит никто не имеет права отказать мне в приеме искового заявления?

Алексей: Отказать в приеме искового заявления может только судья, к которому оно попадет после регистрации в канцелярии суда. При этом он должен вынести **определение** с указанием основания отказа.

Ван Вэй: А какие могут быть основания для отказа в приеме заявления?

Алексей: Основания для отказа указаны в статье 134 **«Гражданского процессуального кодекса РФ»**.

Ван Вэй: А как подать заявление в суд по почте?

Алексей: Для этого необходимо прийти в ближайшее почтовое отделение. Исковое заявление и прилагаемые к нему документы вкладываются в конверт и отправляются **заказным письмом с уведомлением** в адрес суда. Если в конверте находятся документы, представляющие для заявителя ценность, письмо желательно отправить с **объявленной ценностью**. Можно вообще не отправлять письмом **подлинники** прилагаемых к исковому заявлению документов, перечисленных в «приложении», так как всегда существует определенная доля риска их утраты при пересылке. В тексте заявления нужно разъяснить, что подлинники будут представлены лично судье в ходе подготовки к судебному заседанию. Если все сделано согласно вышеизложенным рекомендациям, судья в течение пяти дней со дня поступления искового заявления в суд обязан рассмотреть вопрос о его принятии к производству и вынести соответствующее определение, уведомив истца.

 # Новые слова

1)	подать иск	提起诉讼, 提交诉状
2)	выяснить	查明(事实)
3)	срок исковой давности	诉讼时效
4)	отказывать в иске	驳回起诉
5)	цена иска	诉讼标的额
6)	подсудность	审判管辖
7)	суд общей юрисдикции	普通管辖法院
8)	рассматривать дело	审理案件
9)	канцелярия суда	法院办公室
10)	судебный пристав	司法警察
11)	входящий номер	受案号
12)	истец	原告
13)	определение	裁定
14)	гражданский процессуальный кодекс	民事诉讼法
15)	заказное письмо с уведомлением	挂号信
16)	письмо с объявленной ценностью	保价信
17)	подлинник	原件

Фоновые знания

Суд общей юрисдикции

Суд общей юрисдикции — это орган судебной власти осуществляющий правосудие по гражданским, уголовным делам и делам, возникающим из административных правонарушений.

В России к судам общей юрисдикции относят:

· верховный суд республики РФ;

· областной, краевой суды;

· суд автономной области;

· Санкт-Петербургский, Московский и Севастопольский суды городов федерального значения;

· городской (районный) суд.

Может быть полезно

Документами, удостоверяющими личность, являются:

· паспорт гражданина Российской Федерации;

· заграничный паспорт (для иностранных граждан);

· разрешение на временное проживание (для иностранных граждан);

· вид на жительство (для иностранных граждан);

· паспорт моряка;

· удостоверение личности военнослужащего;

· военный билет.

Не нарушай!

При подаче искового заявления именно истец должен определить подсудность дела конкретному суду. Если подсудность судов определена неверно, исковое заявление будет возвращено заявителю без рассмотрения.

 Улыбнись

1) В Москву переезжают по работе, в Петербург — по любви..., а в Магадан① по решению суда.

2) Диалог в суде:

— Ваша честь, я прошу заменить мне адвоката. Тот, которого мне назначили, совершенно не интересуется моим делом!

— Что вы на это скажете?

— Простите, ваша честь, что вы сказали? Я прослушал.

3) Диалог в суде:

— Господин судья, если человек имеет восемнадцать судимостей, то это уже не преступник.

— А кто же он?

— Коллекционер.

---

① Магадан 马加丹（地名）：俄罗斯东北部城市，地处边远，环境恶劣，苏联时期常作为罪犯劳动改造之地。

Урок 2

Судебное заседание

Диалог

Как себя вести на судебном заседании?

Ван Вэй：Расскажи, как проходит судебное заседание по **гражданскому делу**?

Алексей：Когда входит судья, все присутствующие встают.

Ван Вэй：А что происходит потом?

Алексей：После того, как вошел судья и все встали, судья объявляет заседание открытым и устанавливает явку лиц, участвующих в процессе. Затем объявляет **состав суда** и спрашивает о наличии оснований для **отвода судьи**, **секретаря суда** или иных лиц. Затем судья разъясняет права и обязанности лиц, участвующих в деле.

Ван Вэй：А что после этого?

Алексей：Сначала судья опрашивает **истца**. Поддерживает ли он свои требования, возможно ли заключение **мирового соглашения**, какие доказательства подтверждают позицию истца. Затем свою позицию излагает **ответчик**. После этого суд начинает исследование доказательств. И истец и ответчик могут заявить **ходатайство** о недопустимости доказательства, о **фальсификации**, заявить о том, что оно не относится к делу. После исследования доказательств судья спросит о наличии у сторон и третьих лиц дополнительных объяснений. А затем перейдет к судебным **прениям**.

Ван Вэй：А что такое судебные прения?

Алексей：Судебные прения — это последняя возможность донести до суда свою позицию. Этот этап судебного заседания состоит из речей. Сначала выступает истец, затем ответчик. Право последней реплики — у ответчика.

Ван Вэй：А как заканчивается судебное заседание?

Алексей：Если судебные прения оканчиваются, суд удаляется в **совещате-**

льную комнату для вынесения **решения по существу**. Таким образом, судебное заседание по гражданскому делу оканчивается оглашением **судебного решения**.

Ван Вэй: А как себя вести в суде?

Алексей: Неважно в какой суд ты пришел: арбитражный, уголовный, административный. Правила одинаковы для любого заседания. Изначально при входе в здание нужно сообщить цель своего посещения охране или судебному приставу. Необходимо строго соблюдать очередь в любой кабинет. Не стоит возмущаться и выражать свое недовольство, если заседание суда откладывается по каким-то причинам. Оно, действительно, иногда может быть задержано на несколько часов. Перед входом в зал нужно отключать сотовые телефоны, чтобы они не отвлекали участников заседания от процесса и не мешали сосредоточиться. В зале нельзя громко разговаривать, читать газеты или перешептываться. Запрещается спорить и перечить судье. Нельзя перебивать участников процесса. При обращении к судье говорят «Уважаемый суд» или «Ваша честь». Отвечать, давать показания и пояснения необходимо только стоя. Говорить можно только после предоставления судом слова. Разрешается попросить слово, если есть какие-либо дополнения или уточнения к делу.

Ван Вэй: Ой, как сложно.

Алексей: Дело ведет судья, поэтому даже не знакомым с правилами судебного процесса лицам, при внимательном отношении к словам судьи, все будет понятно.

Новые слова

1) гражданское дело	民事案件
2) состав суда	合议庭
3) отвод судьи	法官回避

4）секретарь суда   法院书记员

5）мировое соглашение   和解协议

6）ответчик   被告

7）ходатайство   申请、请求

8）фальсификация   伪造

9）прения   法庭辩论

10）совещательная комната   评议室

11）решение по существу   实体判决

12）судебное решение   法院判决

 **Фоновые знания**

О статусе судей

В своей деятельности судьи независимы, не подчинены никаким органам, а подчиняются только Конституции РФ и закону. Решения судов и судей, их требования и распоряжения обязательны для исполнения всеми государственными органами, общественными объединениями, должностными лицами, другими юридическими и физическими лицами.

Кандидат на должность судьи должен: не иметь судимости, гражданства иностранного государства（вида на жительство）; не быть признанным по решению суда недееспособным（ограничено дееспособным）; не состоять на учете в наркологическом или психоневрологическом диспансере и не иметь иных заболеваний, препятствующих работе судьи; не быть привлеченным в качестве обвиняемого（подозреваемого）по уголовному делу.

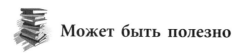 **Может быть полезно**

Основания заявить отвод судье

Согласно ГПК（Гражданский процессуальный кодекс）РФ судья не

вправе разрешать споры, когда:

- его связывают родственные отношения с любой из сторон гражданского дела;

- он заинтересован в исходе дела;

- он представляет или представлял раньше интересы одной из сторон;

- он уже рассматривал этот спор в первой или второй судебной инстанции;

- он участвовал раньше в деле как переводчик, эксперт, прокурор, секретарь заседания;

- имеются серьезные причины, вызывающие недоверие к его справедливости и объективности при рассмотрении гражданского дела.

 ## Не нарушай!

Не допускается нарушение порядка в заседании. В противном случае суд может назначить штраф за неуважение к суду или удалить человека из зала суда.

 ## Улыбнись

1) Диалог в суде:

— Я не был пьян. Я только выпил.

— Это совсем другое дело! Вот почему я закрою вас в тюрьме не на 7 дней, а только на неделю.

2) Диалог в суде:

— Подсудимый, почему вы не взяли себе защитника?

— Все адвокаты отказываются вести мое дело, как только узнают, что я действительно не брал этих пяти миллионов долларов.

3）Диалог в суде：

— Подсудимый, вы оправданы!

— Что это значит?

— Это означает, что вы свободны, поскольку не доказано, что вы ограбили банк.

— Слава богу! Значит, все деньги я могу оставить у себя?

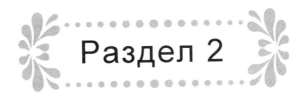

Раздел 2

Защита гражданских прав

Урок 1

Аренда квартиры

Диалог

Как арендовать квартиру?

Алексей: Чем закончилась твоя история с шумными соседями?

Ван Вэй: Я решил не бороться с ними, а просто переехать на новую квартиру.

Алексей: А ты уже подобрал подходящий вариант?

Ван Вэй: Нет пока, но я уже нашёл сайт, где люди сдают и снимают квартиры без посредников.

Алексей: А ты не хочешь обратиться в **риэлторскую компанию**? У них обычно есть обширная база с квартирами. А, кроме того, арендовать квартиру через посредников безопасно. Я могу порекомендовать тебе одного знакомого — он хозяин риэлторской конторы.

Ван Вэй: Спасибо, не надо. Я бы хотел самостоятельно снять квартиру, чтобы не тратиться на услуги посредников. В этом деле мне будет нужна твоя помощь. Скажи, пожалуйста, на что следует обратить внимание при аренде квартиры, и как не стать жертвой мошенников?

Алексей: Если ты арендуешь квартиру самостоятельно, то и о безопасности сделки должен позаботиться ты сам. Я расскажу тебе об основных моментах, которым следует уделить внимание. Во-первых, ты должен будешь спросить у человека является ли он **собственником помещения**. Нельзя полагаться только на его слова, нужно также попросить его предъявить **свидетельство о праве собственности на квартиру**.

Ван Вэй: А что это такое?

Алексей: Это документ, который выдаётся **Росреестром**. Он доказывает право собственности на квартиру. Во-вторых, необходимо заключить договор с собственником жилья. В пунктах договора должны быть оговорены все самые важные детали. Например, по каким числам **квартирант**

должен производить оплату, должен ли он оплачивать **коммунальные платежи**, при каких условиях возможно **расторжение договора**, есть ли **залог** и т. д.

Ван Вэй: Я понял. А как лучше производить оплату?

Алексей: Лучше, чтобы **арендатор** производил расчет не наличными, а через банк со своего личного счета на счет **арендодателя**. При этом нужно указать **назначение платежа**. Делается это для того, чтобы у тебя на руках осталась банковская квитанция о переводе денег. В случае возникновения конфликтной ситуации, ты сможешь доказать, что переводил деньги. Если ты хочешь рассчитаться наличными, то необходимо взять с хозяина квартиры расписку в получении денег.

Ван Вэй: А что еще?

Алексей: Проверь является ли этот человек единственным собственником жилья. Узнать об этом ты можешь, взглянув на свидетельство о праве собственности на квартиру. Там будет написано какая часть квартиры принадлежит ему. Если квартира принадлежит не только ему, а есть другие собственники, то при подписании договора аренды потребуются и их подписи. Кроме того, зачастую люди действуют по **доверенности**. В этом случае ты должен внимательно прочесть доверенность.

Ван Вэй: А какие есть риски при аренде квартиры?

Алексей: Бывает, что мошенники арендуют квартиру на один месяц и тут же пересдают ее кому-нибудь на более длительный срок. Никаких документов на квартиру у них нет, поэтому они представляются не хозяевами, а родственниками хозяев. Получив оплату за несколько месяцев, они пропадают, а жертва их обмана оказывается и без квартиры и без денег.

 Новые слова

1) риэлторская компания   房屋中介公司

2）собственник помещения   房东

3）свидетельство о праве собственности   房屋所有权证

     на квартиру

4）Росреестр   俄罗斯联邦国家登记、地籍和测

     绘局

5）квартирант   房客

6）коммунальные платежи   水费、电费、煤气费、包烧费等与

     房子有关的费用

7）расторжение договора   解除合同

8）залог   押金

9）арендатор   租户

10）арендодатель   出租方

11）назначение платежа   付款用途

12）доверенность   委托书

 **Фоновые знания**

Федеральная служба государственной
регистрации кадастра и картографии（Росреестр）

Росреестр — государственная организация, занимающаяся вопросами кадастрового учета[1] земель и недвижимости, а также ведущая учет[2] сделок на недвижимое имущество и регистрирующая права собственности на него. Главная задача Росреестра — это обеспечение исполнения единой государственной системы учета: регистрация прав на недвижимость и операций купли-продажи, кадастровый учет земель, а также учет картографических данных страны.

---

[1] кадастровый учет 地籍登记

[2] вести учет 登记注册

Может быть полезно

Будьте готовы к тому, что владелец недвижимости может попросить у вас залог. Обычно сумма залога определяется в зависимости от состояния мебели в квартире, и взимается единовременно в самом начале. Предполагается, что после завершения аренды залог вернется арендатору. Однако, случается, что порча имущества произошла не по вине снимавших жилье, но владелец квартиры залог не возвращает. Поэтому было бы не лишним перечислить в договоре все предметы мебели, бытовую технику, которую арендодатель передает в руки арендатору, а также их состояние и указать все существующие недостатки.

 Не нарушай!

Сдавая квартиру в аренду, гражданин получает доход, с которого необходимо платить налог. Следует помнить, что к уклоняющемуся от налогов лицу будут применены штрафные санкции, а в случае неуплаты налога на протяжении трех лет гражданин может быть привлечен к уголовной ответственности.

 Улыбнись

1) Объявление:

   Сдам квартиру на 5 – 7 лет, в зависимости от решения суда.

2) — Сходи к соседям снизу, спроси сколько они рулонов обоев покупали, когда делали свой ремонт.

   (Муж пошел и спросил, ему сказали «двадцать». Муж с женой купили обои, стали клеить. 6 рулонов осталось. Муж злой, снова идет к соседям.)

— Вам что, сволочи, сказать правду было сложно? У нас 6 рулонов осталось!

— И у нас 6 осталось.

3) Два альпиниста из последних сил забрались на вершину горы, сидят, отдыхают, о своих делах говорят...

— Ну, что ты решил? Будешь покупать ту квартиру в центре города?

— Что я, дурак? Она же на пятом этаже и без лифта!

Урок 2

Договоры

Диалог

Как заключить договор?

Ван Вэй：Алексей, скажи, пожалуйста, какие бывают виды договоров?

Алексей：Прежде всего, по своей юридической направленности все договоры подразделяются на **окончательные договоры** и **предварительные договоры**.

Ван Вэй：А какая между ними разница?

Алексей：Окончательный договор непосредственно порождает права и обязанности сторон, например: передать товар, выполнить работу, оказать услуги, оплатить деньги и т. д. Предварительный договор — это соглашение сторон о заключении окончательного договора в будущем. Если сторона предварительного договора **уклоняется** от заключения окончательного договора, то другая сторона вправе обратиться в суд с иском, а также потребовать возмещения всех понесенных ею убытков, вызванных несвоевременным заключением основного, окончательного договора.

Ван Вэй：Я слышал еще выражение «**соглашение о намерениях**». Это одно и то же, что предварительный договор?

Алексей：Предварительный договор необходимо отличать от соглашения о намерениях. В соглашении о намерениях лишь фиксируется желание сторон вступить в будущем в договорные отношения, они выражают свое желание и оно фиксируется. Но никаких юридических обязательств стороны на себя не берут, поэтому ни один из участников протокола о намерениях не вправе юридически через суд требовать заключения какого-либо договора.

Ван Вэй：Ясно. А какие еще бывают виды договоров?

Алексей：Различают еще односторонние и взаимные договора. Односторонний договор предполагает, что у одной стороны возникают только права, а у другой — только обязанности. Например, договор займа заключен. Тот, кто дал взаймы, у него возникает право требовать возврата денежной суммы и никаких обязанностей он не несет. А на том, кто взял взаймы, лежит обязанность вернуть в установленный срок взятую взаймы денежную сумму, и никаких прав он не приобретает. Эти договоры встречаются редко. Большинство договоров носят взаимный характер, когда у каждой из сторон есть не только права, но и обязанности. Еще договоры делятся на **возмездные** и **безвозмездные**.

Ван Вэй: А что такое возмездный и безвозмездный договор?

Алексей: Возмездный договор — это такой договор, при котором первая сторона, получая товар или услугу, должна предоставить оплату, товар или услугу второй стороне. Например, при продаже дома один человек получает дом, а другой деньги. К безвозмездным договорам относятся такие договоры, когда одна сторона предоставляет товар или услугу, а вторая сторона ничего не отдает взамен. Наиболее распространенный пример — это договор дарения, когда даритель передает какое-то имущество другому лицу, а это лицо ничего не предоставляет взамен.

Ван Вэй: Оказывается, существует не мало различных видов договоров.

Алексей: Конечно. Кроме того договоры делятся еще и на **взаимосогласованные договоры** и **договоры присоединения**. Взаимосогласованные — это такие договоры, когда условия договоров вырабатываются всеми сторонами этого договора. Договоры присоединения — это такие договоры, когда условия договора разрабатываются только одной стороной, и другая сторона может заключить этот договор только одним способом — присоединившись к тем условиям, которые уже существуют. Других способов заключения этого договора нет.

Ван Вэй: Я слышал, что договоры бывают письменные и устные. В каких случаях обязательно заключение письменного договора, а когда достаточно только устного?

Ван Вэй: Да, договор может быть заключен в письменной или устной форме. Если законы Российской Федерации не требуют заключения письменного договора, то можно обойтись устным. Например, когда ты покупаешь на улице у бабушки ведро картошки, то вы с ней обсуждаете цену и приходите к какому-то договору. В этом случае закон не требует заключения письменного договора.

Ван Вэй: А где можно взять образец договора?

Алексей: Образец любого договора можно найти в Интернете либо обратиться в юридическую фирму, которая поможет найти самый свежий вариант. При самостоятельных поисках стоит учитывать, что законодательство не стоит на месте и велик шанс натолкнуться на устаревший документ.

Ван Вэй: А какие условия обязательно должны быть прописаны в договоре?

Алексей: Во-первых, в любом договоре необходимо указать дату его заключения, наименование сторон и их адрес. Договор может содержать номера телефонов и факсов, адрес электронной почты и почтовый индекс. Во-вторых, указывают предмет договора. Например, если мы говорим про договор об оказании услуг, то там должно быть точно и полно определено какие услуги будут оказаны. Далее следует указать размер и условия оплаты. Затем указывается информация об ответственности сторон. После этого можно прописать пункт «**Форс-мажор**», а в конце обычно указывают **срок действия договора**.

 Новые слова

1) окончательный договор   本约合同

2) предварительный договор   预约合同①

---

① 预约合同,指约定于将来一定期限内订立本约合同的合同。

3）уклоняться 逃避

4）соглашение о намерениях 意向协议

5）возмездный 有偿的

6）безвозмездный 无偿的

7）взаимосогласованный договор 双务合同

8）договор присоединения 附和合同（格式合同）

9）форс-мажор 不可抗力

10）срок действия договора 合同有效期限

 Фоновые знания

Нотариальная контора — это учреждение, где работает нотариус. Нотариальные конторы предоставляют следующие услуги:

- заверяет сделки купли-продажи квартиры;

- занимается оформлением брачных договоров, а также соглашений о разделе имущества при разводе;

- оформляет завещания и документы на получение наследства;

- заверяет сделки купли-продажи юридических лиц;

- оформляет доверенности;

- заверяет переводы бумаг на иностранном языке;

- заверяет копии документов и выписки[①] из них.

 Может быть полезно

Если поставщик или лицо, оказывающее какие-либо услуги, «гарантируют» вам, что поставят товар или окажут услугу вовремя, то вы можете попросить их включить в договор пункт о штрафных санкциях на тот случай, если они поставят товар или окажут услугу не вовремя. Им

---

① выписка 摘录

будет трудно отказаться от этого, ведь они же «гарантируют» своевремен-ное выполнение обязательств, а значит им нечего бояться.

 # Не нарушай!

Не нарушайте условия заключенных вами договоров. Законодательст-во РФ содержит немало средств воздействия на нарушителя договора (вплоть до возмещения морального ущерба), но основными, наиболее часто используемыми, являются:

1) исполнение обязательства

   суд может обязать сторону исполнить обязательство, принятое ей по договору, но не исполненное.

2) выплата штрафных санкций

   В договоре могут быть предусмотрены различные виды штрафных санкций: штраф, неустойка, пеня. Размер штрафа обычно ука-зывается в конкретных цифрах, а неустойка в процентах. Помимо исполнения самого обязательства, вы можете добиться в суде и выплаты штрафных санкций.

3) возмещение убытков

   Если в результате нарушения одной из сторон своих обязательств вы понесли убытки (были вынуждены понести расходы, было ут-рачено или повреждено ваше имущество), вы можете добиться возмещения этих убытков.

4) возмещение упущенной выгоды

   Упущенная выгода является одним из видов убытков и представ-ляет собой доходы, которые вы могли бы получить, если бы дру-гая сторона не нарушила свои обязательства.

Улыбнись

1) Бригада рабочих выиграла тендер[①] по покраске парохода. Приходят в городское пароходство, подписывают договор, им оплачивают аванс и они уходят. Приходят через неделю и показывают работу. Все сделано как надо — пароход весь белый и красивый. Подписали акт выполненных работ, оплатили им оставшуюся сумму, после чего работники благополучно ушли. Спустя некоторое время, пароход отчаливает, разворачивается другим боком, а там — вся сторона ржавая, черная и без единого белого пятна. Заказчик в шоке. Нашли бригадира, привели его к пароходу, после чего произошел нижеследующий диалог:

— Так, что за дела, почему половину работы не сделали?!

— Что вы такое говорите? У нас все по договору!

(Стали читать договор.)

— Вот, здесь же написано: «Бригада рабочих», с одной стороны, и городское пароходство[②], с другой стороны, договорились покрасить пароход…

2) Диалог отца и сына:

— Ну как успехи в школе?

— Отлично! Контракт с пятым классом продлен еще на год!

3) Один брачный контракт, состоял всего из двух пунктов:

· Свадебное платье должно быть облегающим.

· Заключенный брак считается действительным до тех пор, пока жена, влезает в свое свадебное платье…

---

① тендер 招标
② городское пароходство 城市船运局

29

Урок 3

Заключение брака

Диалог

Как заключить брак в России?

Ван Вэй: Поздравь меня! Мы с Мариной решили пожениться.

Алексей: Ух ты! Вот это новость! Поздравляю. А вы все хорошо обдумали? Ведь брак — это важный и серьезный шаг. Необходимо взвесить все минусы и плюсы. Например, очевидными плюсами международных браков являются: возможность получения гражданства или права жить в стране второй половины, возможность дать детям два гражданства, возможность переезда в страну с более высокими зарплатами или лучшим климатом, возможность расширить круг знакомств и создать бизнес за рубежом, возможность получить иностранное образование, а кроме того, дети смогут учить иностранные языки с рождения. Но также есть и минусы, которые нужно учесть: ты можешь не привыкнуть к традициям другой страны, могут возникнуть трудности с изучением языка, бывает трудно адаптироваться к зарубежному климату, есть вероятность, что твои права не будут защищены так же хорошо, как в твоей родной стране, при рождении ребенка могут запретить его вывоз из страны без согласия второго супруга.

Ван Вэй: Мы любим друг друга, и уже приняли твердое решение. Теперь я хочу узнать в какой орган следует обратиться для **заключения брака**.

Алексей: Документы подают в любой ЗАГС на территории нашей страны.

Ван Вэй: А как выглядит сама **процедура**?

Алексей: Во-первых, следует подать заявление от обоих вступающих в брак лиц. Брак будет зарегистрирован не сразу, а только через месяц после подачи заявления. После истечения месяца, в назначенный день, оба супруга приходят с паспортами. Сотрудник ЗАГСа задаст вопрос — готовы ли молодые люди вступить в брак и является ли это решение добровольным. Если оба лица подтверждают свое желание вступить в брак, то им выдается **свидетельство о браке.**

Ван Вэй: Я слышал, что русские женятся в церкви. Это так?

Алексей: В церкви не женятся, а проводят **обряд венчания**. И, хотя этот обряд имеет очень важное значение для верующих людей, но все-таки не имеет юридической силы.

Ван Вэй: А на что следует обратить внимание, при заключении брака?

Алексей: Согласно нашему законодательству, **брачный возраст** для гражданина России устанавливается в 18 лет. При браке с иностранцем, в день регистрации брака, необходимо наличие переводчика с дипломом. Конечно, это правило не применяется к гражданам, например, Украины или Белоруссии. Так же надо помнить, что в стране иностранца брак может не обладать юридической силой. По этому, брак придется еще легализовать в стране второго супруга. После заключения брака с гражданином или гражданкой России, у иностранца не поменяется гражданство. Если рождается ребенок, то ему будет присвоено гражданство той страны, где он родился.

Ван Вэй: А может ли ЗАГС отказать в заключении брака?

Алексей: Да, может. Но для этого должны быть определенные основания. Согласно статье 14 «**Семейного кодекса Российской Федерации**», не допускается заключение брака если:

- хотя бы одно из вступающих в брак лиц уже состоит в другом зарегистрированном браке;
- вступающие в брак лица — близкие родственники;
- вступающие в брак лица — это **усыновитель** и **усыновленный**;
- хотя бы одно из вступающих в брак лиц имеет **психическое расстройство** и признано **недееспособным**;
- лица вступают в **фиктивный брак.**

В целом, проблем с заключением брака возникнуть не должно. Российские органы ЗАГС не склонны подозревать людей в фиктивных браках. Если человеку безосновательно отказывают в регистрации брака, то можно написать жалобу на действия сотрудников или обратиться в суд.

Ван Вэй: А что такое фиктивный брак?

Алексей: Фиктивный брак — это брак построенный не на любви, а на получении какой-либо выгоды. Например, для получения гражданства.

Ван Вэй: А какая выгода может быть при заключении фиктивного брака с иностранцем?

Алексей: В России некоторые девушки зарабатывают на фиктивных браках. За это они получают денежное вознаграждение. Но здесь следует быть очень осторожным и не соглашаться на подобную процедуру. Ведь легко стать жертвой обмана! По законам Российской Федерации лицо, вступающее в фиктивный брак с иностранным гражданином, не попадет под суд и не будет оштрафовано, но этот человек может очнь сильно наказать сам себя. Ведь все имущество, которое он приобретет, находясь в браке с иностранным гражданином, потом будет делиться пополам. Представь, что после того, как ты купил квартиру или машину, иностранец сразу же подаст на развод с разделом имущества. И когда судья вынесет решение, тебе придется отдать 50% от стоимости приобретенного имущества.

Ван Вэй: Как хорошо, что у нас с Мариной все по любви, а не по расчету.

 ## Новые слова

1) заключать брак	缔结婚姻
2) ЗАГС(запись актов гражданского состояния)	民事登记
3) процедура	流程
4) свидетельство о браке	结婚证

5）обряд венчания   结婚仪式（一般指教堂仪式）

6）брачный возраст   适婚年龄

7）«Семейный кодекс Российской   «俄罗斯联邦家庭法典»
    Федерации»

8）усыновитель   收养人

9）усыновленный   被收养人

10）психическое расстройство   精神疾病

11）недееспособный   无民事行为能力

12）фиктивный брак   虚假婚姻

13）раздел имущества   财产分割

 ## Фоновые знания

Органы записи актов гражданского состояния（ЗАГС）

Органы записи актов гражданского состояния（ЗАГС）— органы власти в России, Белоруссии и иных государствах, производящие государственную регистрацию актов гражданского состояния, к которым отнесены: рождение, заключение и расторжение брака, усыновление（удочерение）, установление отцовства, перемена имени и смерть. Орган ЗАГС, имеющий обособленное помещение для торжественной регистрации брака, может называться Дворцом бракосочетания. Поскольку органы ЗАГС учреждаются или наделяются такими полномочиями на уровне субъектов Российской Федерации, отсутствует орган, которому они были бы подчинены на федеральном уровне, однако их деятельности регулируются федеральными законами, а также правовыми актами Правительства Российской Федерации, Минюста и другими органами федеральной исполнительной власти.

Может быть полезно

Смена фамилии при вступлении в брак

Вообще выбор фамилии после замужества или после развода относится к свободным правам, которые дает законодательство. Смена девичьей фамилии обусловлена исключительно нашими традициями. Еще со времен, когда была монархия, так повелось, что жена всегда берет фамилию супруга. Но традиции, хоть и требуется чтить, соблюдать никто не заставляет. Поэтому, если девушка желает оставить свою фамилию, достаточно написать об этом при подаче заявления в ЗАГС. После смены фамилии женщине придется поменять паспорт, загранпаспорт или водительские права, ИНН, полис медицинского страхования и др.

Не нарушай!

Что будет за фиктивный брак?

В настоящее время, согласно статьи 170 «Гражданского кодекса (ГК) РФ» и статьи 27 «Семейного кодекса (СК) РФ», фиктивный брак, если это будет доказано, считается недействительным. В том случае, если лица, впоследствии, но до рассмотрения дела судом фактически создали семью, то такой брак не может быть признан судом фиктивным.

Недавно депутаты Законодательного собрания Калужской области выступили с инициативой ввести уголовную ответственность для мигрантов, которые ради получения легального статуса заключают фиктивные браки с введением новой статьи в «Уголовный кодекс (УК) РФ» «Незаконное получение разрешения на временное проживание в России, гражданства РФ».

 **Улыбнись**

1) Парень и девушка:

— Сделай бутерброд.

(Она делает. Он съедает.)

— Можно еще?

— Нет. Это была демо-версия заботливой женщины. Лицензионную версию ты сможешь приобрести после регистрации брака.

2) Диалог супругов:

— Лучше бы я вышла замуж за черта!

— Исключено: браки между близкими родственниками запрещены!

3) Диалог супругов:

— Дорогой, у нас завтра годовщина свадьбы, может, зарежем поросенка?

— Поросенок в чем виноват? Сережу надо зарезать, это ведь он нас познакомил.

Урок 4

Кредиты

Диалог

Как получить кредит или займ?

Ван Вэй: Алексей, я слышал о том, что в России достаточно легко взять **кредит**. Это так?

Алексей: Вообще в России существует несколько видов организаций, где человек может взять кредит или **займ**. Например, это может быть банк, **микрофинансовая компания**, **ломбард**, **кредитно-потребительский кооператив**, а также физические и юридические лица. У каждой организации свои условия получения кредитов и займов. Например, у разных банков могут быть разные проценты по кредитам. Проценты зависят от **ставки рефинансирования**, которую устанавливает **Центральный банк РФ**. Чем выше ставка центрального банка, тем более высокий процент взимают коммерческие банки за предоставляемый ими кредит.

Ван Вэй: А какая разница между кредитом и займом?

Алексей: Кредит выдается банком, а займ — кем угодно. Кредит подразумевает только деньги, в то время как займ может включать и имущество. Кредит всегда выдается под проценты, а займ может быть как на процентной, так и на беспроцентной основе. Кредит — это всегда письменный договор, а займ может быть и устной договоренностью. Кстати, в последние годы в России популярны микрозаймы.

Ван Вэй: Микрозаймы? Никогда не слышал. А что это?

Алексей: Микрозайм — это деньги, которые выдает заемщику микрофинансовая организация. Максимальная сумма микрозайма составляет 15 тысяч рублей. Больше всего у нашего населения популярностью пользуются деньги до зарплаты. Они составляют примерно 80% от всех микрозаймов. Размер такого микрозайма не превышает 15 тысяч рублей, а ставка может составлять 720% годовых и даже более. Но за счет короткого срока — до 2 – 3 недель — переплата кажется не такой большой.

Ван Вэй: Если процентная ставка такая большая, то почему-же люди берут эти микрозаймы?

Алексей: Удобство микрозаймов в том, что его можно получить быстро и без лишних хлопот с документами. Микрофинансовые организации обычно предоставляют займы, даже если в **кредитной истории** заемщика есть черные пятна. Банки же, более тщательно оценивают финансовое положение и кредитную историю будущего заемщика и для этого просят предоставить огромное количество документов. Начиная со справки о доходах и имеющейся собственности и заканчивая **характеристиками с работы**. Поэтому если кредитная история человека не идеальна или у него нет постоянного дохода, кредит получить практически невозможно.

Ван Вэй: А любят ли русские брать деньги в долг?

Алексей: Я бы не сказал, что любят, но берут из необходимости.

Ван Вэй: А что, если заемщик не возвращает микрозайм или кредит?

Алексей: В такой ситуации банки и компании микрозаймов обращаются к **коллекторским агентствам**.

Ван Вэй: А чем они занимаются?

Алексей: Коллекторские агентства — это компании, занимающиеся **взысканием долгов**. Согласно закону, коллекторы имеют право любыми способами устанавливать контакт с должником. Это значит, что коллектор может воспользоваться любой имеющейся у него информацией о местонахождении задолжавшего гражданина. Номера телефонов (в том числе родственников и знакомых), адреса, аккаунты в соцсетях, места работы и так далее — все это может быть использовано для установления связи с человеком, просрочившим выплату долга. Коллекторы имеют право:

- Отправлять должнику СМС-сообщения о наличии долга и необходимости его вернуть. При этом оскорбления недопустимы.

- Отсылать должнику письма по обычной и электронной почте с информацией о задолженности и предложением вернуть деньги.

Текст также должен быть в рамках обозначенных законами РФ приличий.

- Звонить должнику по имеющимся телефонам не чаще двух раз в неделю, одного раза в сутки или восьми раз в месяц и сообщать о наличии долга, а также настаивать на его возвращении. В будний день коллекторы могут звонить до 21:00, а по выходным — до 22:00.

- Встречаться с должником лично не чаще одного раза в неделю для проведения бесед. Недопустимо никакое физическое воздействие.

Ван Вэй: А что коллекторы делать не могут?

Алексей: Коллекторы не имеют права вторгаться в жилище к должнику без разрешения, угрожать должнику, его семье, знакомым, сослуживцам и так далее. Они также не могут наносить вред имуществу должника, а также третьих лиц, звонить коллегам должника, описывать имущество. Некоторые собиратели долгов злоупотребляют неосведомленностью, особенно пожилых граждан, о своих правах и принимаются в «профилактических целях» при личных визитах составлять список имеющихся в квартире вещей. Такое вправе делать только судебные приставы в рамках вынесенного решения суда.

Ван Вэй: Оказывается, коллекторы — это очень неприятные люди!

Алексей: Это точно! Надо помнить, что гражданин имеет право отказаться от встречи с собирателем долгов или общаться с ним через своего представителя.

Ван Вэй: Судя по твоим словам, брать кредиты и займы — это весьма опасное занятие.

Алексей: Да, точно. Ведь человек может лишиться работы или потерять трудоспособность и тогда ему нечем будет выплачивать кредит. Но не следует забывать, что кроме самого кредита, ему необходимо заплатить еще и проценты. Поэтому, прежде чем брать кредит, необходимо все хорошенько взвесить. И уж тем более нельзя выступать **поручителем** по кредиту для других людей.

Ван Вэй: А кто такой поручитель по кредиту?

Алексей: Поручитель — это лицо, которое будет обязано погашать кредит, если заемщик не сможет оплатить его сам.

 Новые слова

1)	кредит	贷款
2)	займ	借款（除银行外其他主体出借款项）
3)	микрофинансовая компания	小型金融公司
4)	ломбард	当铺
5)	кредитно-потребительский кооператив	信贷消费合作社
6)	ставка рефинансирования	再贴现率
7)	центральный банк РФ	俄罗斯联邦中央银行
8)	кредитная история	征信记录
9)	характеристика с работы	工作鉴定
10)	коллекторское агентство	催债公司
11)	взыскивать долг	征收欠款
12)	поручитель	担保人

 Фоновые знания

Центральный банк Российской Федерации (Центробанк)

Целями деятельности Банка России являются: защита и обеспечение устойчивости рубля; развитие и укрепление банковской системы Российской Федерации; обеспечение стабильности и развитие национальной платежной системы; развитие финансового рынка Российской Федерации; обеспечение стабильности финансового рынка Российской Федерации.

Конституция Российской Федерации говорит, что только Центробанк имеет право осуществлять денежную эмиссию.

 ## Может быть полезно

Как корректно отказать другу в просьбе взять кредит для него?

Настоящий друг вряд ли предложит вам взять кредит для него. Если такое предложение поступило, следует задуматься, насколько ценна эта дружба для вашего друга. Во-первых, вы можете сослаться на то, что у вас уже есть кредит, ежемесячный взнос по которому достигает 40% – 50% от вашей зарплаты, поэтому банк просто откажет вам в новом займе. В этом случае вы убьете сразу 2-х зайцев, ведь вы не говорите категоричного «нет», но и не можете согласиться в силу определенных причин, которые не зависят от вас. Во-вторых, вы можете сослаться на желание оформить собственный кредит для себя на какие-то нужды в самое ближайшее время. Например, на покупку машины или ремонт, путешествие и т. д. В-третьих, вы можете сказать категоричное «нет» и обосновать отказ аргументами («жена запретила», «я не хочу брать кредиты вообще» и т. п.). Если человек действительно является вашим другом, он поймет ваш отказ. В-четвертых, можно слукавить и сказать другу, что у вас испорченная по-молодости кредитная история и банки отказывают вам в предоставлении займа. Конечно, это будет актуально, если ваша дружба длится не с самого юношества. Не стоит отчаиваться, если на ваш отказ друг обиделся и перестал с вами общаться. Скорее всего, это был не настоящий друг, либо скоро он осознает свою ошибку и все наладится.

 ## Не нарушай!

Чем грозит задолженность по кредиту?

Если вы взяли кредит и по каким-то причинам не можете его отдавать, то вам грозят штрафные санкции или обязательные работы на срок до 480 часов или арест до полугода и/или конфискация имущества, например, машина или квартира (в случае конфискации квартиры, обязательным условием является наличие у должника другого места проживания).

 # Улыбнись

1) Диалог в суде:

— Подсудимый, что вас побудило ограбить банк?

— Он первый начал!

2) Блондинка ограбила банк. Выходя из банка, она приставила пистолет к собственному виску и кричит: «Не стреляйте! У меня заложник!»

3) Муж и жена разговаривают:

— Дорогая, мой банк обанкротился! Но ты же по-прежнему будешь меня любить?

— Да, милый, но мне так будет тебя не хватать!

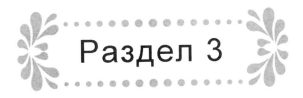

Раздел 3

Административная защита

Урок 1

Прохождение таможни

Диалог

Как себя вести в аэропорту?

Алексей: Ну что, Ван Вэй, ты уже купил билеты на рейс до Харбина?

Ван Вэй: Купил два билета **экономкласса**. Для себя и для сына. В этот раз мы повезем из России много вещей. А ты не знаешь, какие сейчас требования к весу багажа? Я не хотел бы доплачивать за **перевес**.

Алексей: Насколько я знаю, все авиакомпании для пассажиров экономкласса предусматривают только одно багажное место. Часто допустимый вес багажа в самолете колеблется в значениях 20 – 23 кг, а за остальное приходится дополнительно платить, причем не малые деньги.

Ван Вэй: А что по поводу **ручной клади**?

Алексей: Допустимый вес ручной клади также различен. Он определяется правилами каждой авиакомпании. Обычно позволяется перевозить с собой от 5 кг до 10 кг вещей.

Ван Вэй: Я слышал, что кроме ручной клади на борт можно проносить и некоторые другие вещи.

Алексей: Верно. Помимо ручной клади, пассажир может брать с собой некоторые личные вещи. Например пальто, зонтик, плед, ноутбук или фотоаппарат с чехлом для хранения. Также разрешено взять с собой **трости** или **костыли**.

Ван Вэй: А что запрещено к провозу в самолете?

Алексей: Существует перечень вещей, которые запрещено брать на борт самолета. Этот перечень основывается на правилах авиационной безопасности. Некоторые вещи на борт проносить нельзя ни при каких обстоятельствах. Во-первых, это **взрывчатые** и **легковоспламеняющиеся вещества**, например, фейерверки, боеприпасы, воспламеняющееся топливо, спички и зажигалки, растворители красок и краски в аэрозольных баллонах, алкогольные напитки с содержанием спирта более 70%, спирт. Во-вторых, это **токсичные**, и **едкие вещества**. В том числе, **щелочи** и кислоты, газовые баллончики, ртуть, хлор, биологически опасные вещества (например, вирусы), яды и химикаты, радиоактивные вещества. В-третьих, огнестрельное оружие, за исключением особых случаев. Принять оружие к перевозке авиакомпания может только при наличии у пассажира разрешения на его хранение и ношение. При перевозке, оружие может находиться только в багажном отсеке, в разряженном и разобранном виде, в специально предназначенном для него чехле.

Ван Вэй: Меня интересует, можно ли провозить в самолете игрушечное оружие? Я купил для сына несколько игрушечных пистолетов.

Алексей: Игрушки, имитирующие оружие, запрещены к провозу в ручной клади. Их необходимо сдавать в багаж.

Ван Вэй: А насколько безопасны ваши аэропорты и самолеты?

Алексей: Я не работаю в авиации и не очень разбираюсь в этом вопросе. Могу лишь сказать, что за техническую безопасность самолетов отвечает орган, который называется Росавиация. Антитеррористическую безопасность обеспечивают сразу несколько органов. А еще я знаю, что в крупных международных аэропортах России принята пятиуровневая система защиты.

Ван Вэй: Очень интересно. Расскажи, пожалуйста.

Алексей: С первым уровнем защиты мы сталкиваемся на подъезде к аэропорту. Возле аэропорта расположены видеокамеры, а также машины наблюдения с системой видеорегистрации. Подходы к аэропорту патрулируются как сотрудниками МВД, так и патрульными подразделениями службы охраны аэропорта. Следующий уровень — это контроль на входе в здание аэропорта. Проведение профайлинга и совместный досмотр службами авиационной безопасности и органами внутренних дел подозрительных лиц.

Ван Вэй: А что такое «профайлинг»?

Алексей: Это совокупность методик по оценке и прогнозированию поведения человека. Третий уровень — это зона регистрации пассажиров. В ней также ведется выявление потенциально опасных пассажиров. Четвертый уровень — это **паспортный**, пограничный, **миграционный** и **таможенный контроль** в зоне досмотра пассажиров. На этом этапе с помощью базы данных происходит выявление **разыскиваемых лиц**, а также поддельных документов. Пятый уровень — предполетный досмотр пассажиров. Проверка ручной клади, багажа, тактильный досмотр с целью выявления и изъятия запрещенных предметов и веществ.

Новые слова

1) экономкласс   经济舱

2) перевес   超重

3) ручная кладь   手提行李

4) трость   手杖

5) костыль   拐杖

6) взрывчатые вещества   爆炸物

7) легковоспламеняющиеся вещества   易燃物

8) токсичные вещества   有毒物质

9) едкие вещества   腐蚀性物质

10) щелочь   碱

11) паспортный контроль   护照检查

12) миграционный контроль   边境检查

13) таможенный контроль   海关检查

14) разыскиваемое лицо   通缉犯

Фоновые знания

Федеральное агентство воздушного транспорта（Росавиация）

Федеральное агентство воздушного транспорта（Росавиация）— федеральный орган исполнительной власти，находится в ведении Министерства транспорта Российской Федерации.

Не полный перечень сфер деятельности Росавиации：

- организация и проведение инспекции гражданских воздушных судов с целью оценки их годности и выдача соответствующих документов；

- государственная регистрация гражданских аэродромов；

- организация и проведение обязательной сертификации юридических и физических лиц，осуществляющих коммерческие воздушные перевозки；

- организация и проведение обязательной сертификации физических лиц，юридических лиц，выполняющих авиационные работы；

- аттестация аварийно-спасательных служб，аварийно-спасательных формирований，спасателей и граждан，приобретающих статус спасателя，осуществляющих свою деятельность на воздушном транспорте；

- выдача разрешений на выполнение разовых полетов воздушных судов；

- государственная регистрация прав на воздушные суда и сделок с ними；

- обязательная сертификация образовательных учреждений и образовательных подразделений организаций，осуществляющих подготовку специалистов соответствующего уровня согласно перечням специалистов авиационного персонала；

- признание свидетельств иностранного государства，выданных лицу

51

из числа авиационного персонала гражданской авиации согласно перечням специалистов;

· аккредитация представительств иностранных организаций, осуществляющих деятельность в области гражданской авиации на территории Российской Федерации;

· выдача разрешений на бортовые радиостанции, используемые на гражданских воздушных судах;

· выдача разрешений на транзитные полеты иностранных воздушных судов через воздушное пространство Российской Федерации и на пересечение ими государственной границы Российской Федерации;

· лицензирование деятельности по перевозкам воздушным транспортом грузов;

· лицензирование деятельности по перевозкам воздушным транспортом пассажиров;

· выдача разрешений в случаях, установленных законодательством Российской Федерации, на выполнение международных полетов из аэропортов, с аэродромов Российской Федерации, не открытых Правительством Российской Федерации для международных полетов;

· выдача разрешений на строительство и ввод в эксплуатацию объектов аэропортов и иных объектов авиационной инфраструктуры;

· организация и проведение обязательной аттестации авиационного персонала гражданской авиации, согласно перечням должностей в установленной сфере деятельности.

 ## Может быть полезно

Какую сумму можно вывозить с собой из России?

Для многих государств действуют свои правила ввоза и вывоза валюты. Для России свободный вывоз ограничен суммой 10 тысяч долларов США. Если вам необходимо вывести превышающую 10 тысяч долларов сумму, то придется задекларировать вывозимые деньги. При этом на вывозимых пластиковых картах пассажира могут находиться какие угодно суммы. У таможенной службы нет доступа к вашим электронным счетам, поэтому никто не вправе запретить вам вывозить ваши банковские карточки. Отправляясь в другую страну, можно брать наличные в любой валюте. Если пассажир перевозит рубли, евро и доллары, то все деньги переводятся по сегодняшнему курсу доллара Центрального Банка и складываются в общую сумму, которая не должна превышать 10 тысяч долларов.

 Не нарушай!

Что бывает за несанкционированный провоз наличности?

Статья 200. 1 УК РФ говорит, что за незаконный провоз наличности предусмотрены штрафы в размере от трехкратной до десятикратной суммы незаконно перемещенных наличных денежных средств, или в размере заработной платы или иного дохода осужденного за период до двух лет, либо ограничением свободы на срок до двух лет, либо принудительными работами на срок до двух лет.

 Улыбнись

1) В аэропорту таможенник спрашивает у еврея①:

— Откуда прибыли?

— Да что вы, какие прибыли, одни убытки!

2) Черепаха, обученная искать наркотики, парализовала аэропорт②.

---

① еврей 犹太人。俄罗斯人认为犹太人会做生意，同时也爱哭穷。

② парализовать аэропорт 指让机场的运作"瘫痪"。

Урок 2

Законное пребывание

Диалог

Как получить законные основания нахождения в России?

Ван Вэй: Алексей, привет! Скажи, пожалуйста, если иностранец хочет работать в России, какие документы ему необходимо оформить?

Алексей: Первое, что приходит в голову — это **рабочая виза**. Иностранным гражданам ее должен оформить работодатель. Правительством РФ определяется потребность в привлечении **иностранной рабочей силы**, а затем, в зависимости от профессии, квалификации и страны происхождения иностранцев государство устанавливает **квоты**. Кроме того, можно оформить **разрешение на временное проживание** или, как его еще называют, РВП.

Ван Вэй: А что дает РВП?

Алексей: Наличие РВП дает возможность человеку в течение 3 лет въезжать и выезжать из России неограниченное количество раз. При этом не требуется оформление визы для въезда в Россию. Кроме этого, иностранный гражданин с РВП имеет право осуществлять трудовую деятельность, а работодатель может использовать его труд без предварительного получения разрешения на использование иностранных работников. Но надо помнить, что кроме прав у иностранного гражданина с РВП появляются также и обязанности. Во-первых, иностранец должен неукоснительно соблюдать все требования российского законодательства. Даже однократное совершение административного правонарушения может служить основанием для аннулирования РВП. Во-вторых, иностранный гражданин должен проживать только в том регионе России, в котором ему выдано РВП. В-третьих, иностранец не может находиться за пределами России более 6 месяцев. В-четвертых, иностранец обязан осуществлять трудовую деятельность или получать какой-либо иной законный доход. В-пятых, работать разрешается только в том субъекте Российской Федерации, где было выдано РВП. При нарушении закона иностранца ждет **депортация** или **выдворение**.

Ван Вэй: А есть ли еще какие-то позволяющие жить и работать на территории РФ документы?

Алексей: Да, есть. Это **вид на жительство**. Через год проживания в нашей стране на основании **разрешения на временное проживание** у иностранного гражданина появляется право на получение вида на жительство в России.

Ван Вэй: А что дает вид на жительство?

Алексей: После получения иностранным гражданином вида на жительство в РФ он приобретает ряд важных прав. Например, постоянно проживающий в России иностранный гражданин имеет право по собственному желанию изменять место проживания и свободно осуществлять трудовую деятельность на всей территории страны, право на пенсионное обеспечение и даже право избирать и быть избранным в органы местного самоуправления, а так же участвовать в местном референдуме в случаях и порядке, предусмотренных российским законодательством.

Ван Вэй: А как получить вид на жительство?

Алексей: Здесь есть несколько важных условий. Во-первых, у иностранца должно быть разрешение на временное проживание. Во-вторых, необходимо иметь законный **источник средств к существованию**. В-третьих, иностранец должен не иметь заболевания наркоманией, **инфекционных заболеваний**, представляющих опасность для окружающих, а также **ВИЧ-инфекции**. В-четвертых, необходимо владеть русским языком, знать историю России, а также основы российского законодательства. Общее правило, установленное российским законодательством, гласит, что вид на жительство в РФ иностранного гражданина или лица без гражданства выдается заявителю в шестимесячный срок со дня принятия заявления о его выдаче и других необходимых, надлежащим образом оформленных документов. Записаться на подачу документов для оформления РВП можно на сайте МВД РФ.

Ван Вэй: Возможно ли получить гражданство РФ?

Алексей: Федеральный закон от 31 мая 2002 г. № 62-ФЗ «О гражданстве Российской Федерации» говорит нам, что гражданство Российской Федерации приобретается в двух случаях: либо по рождению, либо в результате приема в гражданство. Порядок получения гражданства РФ подразумевает, что желающий получить гражданство иностранный гражданин до этого должен оформить РВП, ВНЖ и прожить в России не менее 5 лет и только потом он сможет подавать документы на гражданство РФ. Вопросом выдачи и оформления гражданства в России занимаются органы МВД.

 Новые слова

1）рабочая виза	工作签证
2）иностранная рабочая сила	外籍劳工
3）квота	配额；限额；定额
4）депортация	遣送出境
5）выдворение	驱逐出境
6）вид на жительство	居留许可
7）разрешение на временное проживание	临时居留许可
8）источник средств к существованию	收入来源
9）инфекционные заболевания	传染类疾病
10）ВИЧ-инфекция	艾滋病

Фоновые знания

Главное управление по вопросам миграции Министерства внутренних дел Российской Федерации (ГУВМ МВД России)

Главное управление по вопросам миграции Министерства внутренних дел Российской Федерации (ГУВМ МВД России) — подразделение МВД России, самостоятельное структурное оперативное подразделение центрального аппарата Министерства внутренних дел, реализующее государственную политику в сфере миграции. Подчиняется Министру внутренних дел.

Может быть полезно

Разница между депортацией и выдворением

Для многих людей такие процедуры как «депортация» и «выдворение» ни чем не отличаются, хотя на самом деле они имеют множество различий. Депортация — принудительный выезд иностранца из России в другое государство. Такой инструмент используют, когда иностранный гость утрачивает законное право на проживание в РФ. Иностранца заставляют добровольно или принудительно под конвоем покинуть пределы страны. Депортация не считается наказанием за преступление, это просто удаление его из страны из-за отсутствия легальных оснований для проживания в России.

Выдворение — это более жесткая мера наказания, применяемая за действия противоречащие интересам госбезопасности, охраны границы и нравственности населения. При этом иностранец высылается за пределы РФ и ему устанавливается запрет на въезд до 5 лет, а кроме того, он никогда больше не сможет подать документы на РВП или ВНЖ в России.

Не нарушай!

Что будет, если не встать на учет по месту пребывания?

Приезжая в Россию, все иностранцы должны уведомить территориальный орган Федеральной миграционной службы о месте своего пребывания. Сделать это следует не позднее 3 рабочих дней со дня прибытия. Нарушителей ожидает штраф, сумма которого варьируется в пределах от 1 700 до 5 000 рублей. Однако это не самое неприятное наказание. За отсутствие регистрационного документа у иностранного лица может последовать наказание в виде немедленной принудительной депортации. Также судом будет наложен запрет на посещение страны в течение 5 лет.

 Улыбнись

1) Вот вы жалуетесь, что мигранты отнимают у вас работу. Но, если приезжий без знания языка, без знакомств и связей, без места жительства приезжает в ваш город и забирает у вас работу — да вы же просто лузер[1]!

2) В Европе мигранты обратились в суд по правам человека и требуют вместо морозов опять включить тепло.

---

① лузер（英语：loser）失败者

59

Урок 3

Визы

Диалог

Как оформить визу в Россию?

Ван Вэй: Алексей, расскажи, пожалуйста, какие бывают визы для въезда в Россию?

Алексей: Для начала в зависимости от цели въезда в Россию, выдаются 6 основных типов виз: туристическая, бизнес (деловая), студенческая, рабочая, частная, **транзитная**. Туристическая виза — это самый распространенный тип визы. Она выдается для пребывания в стране на срок до 30 дней. Туристическая виза бывает **однократной** и **двукратной**. Такую визу получить проще всего. Деловая виза выдается гражданам для пребывания в России, например, для заключения договора, проведения **презентации**, **участия в выставке** или деловых переговорах, **семинарах**, для поиска новых партнеров, обмена опытом. Деловая виза может быть однократной или двукратной при сроке действия 1 месяц и 3 месяца, а также и многократной при сроке действия от нескольких месяцев до нескольких лет. Студенческая виза выдается для прохождения обучения и получения высшего образования в РФ. Есть еще частная виза. Срок ее действия составляет от 30 до 90 дней, а используется она для посещения друзей и частных визитов. Транзитная виза используется для транзита в страну назначения через территорию Российской Федерации.

Ван Вэй: А если я хочу работать в России?

Алексей: Для работы необходимо оформить рабочую визу. Она позволяет официально **трудоустроиться** и работать в России. Выдается на срок от 1 до 3 лет. Для того, чтобы ее получить российский работодатель должен пригласить иностранца в Россию.

Ван Вэй: А как я могу оформить необходимую мне визу?

Алексей: Иностранные граждане могут обратиться в Генеральное консульство России в своей стране. Кроме того можно обратиться в любую туристическую компанию.

Ван Вэй: А какой вариант лучше?

Алексей: Если ты хочешь сэкономить, то лучше обратиться в Генконсульство. За оформление визы они возьмут меньше денег, чем туристическая компания. Но здесь есть и минусы. Возможно в твоем городе нет **Генерального консульства РФ**, а подавать заявление в Консульство нужно лично и по **предварительной записи**. Так же нужно знать, что оформление визы возможно только после собеседования.

Ван Вэй: А какие есть плюсы при обращении в туристическую компанию?

Алексей: Туристическая компания сама заполнит и отвезет все документы в Генеральное консульство. Вы можете найти самую близкую к вашему дому туристическую компанию и поручить ей оформление визы. Таким образом вы можете сэкономить время.

Ван Вэй: А какие именно нужно подготовить документы, если я захочу оформить визу через Консульство?

Алексей: Из документов тебя понадобятся: действующий паспорт, письменное приглашение, **полис медицинского страхования**, заполненная анкета на получение визы, фотография. Следует обратить внимание на срок действия паспорта. Он должен заканчиваться не ранее, чем через 6 месяцев после даты окончания вашей поездки в Россию.

 Новые слова

1) транзитная виза   过境签证

2) однократный   一次性

3) двукратный   两次性

4) презентация (нового товара)   (新产品)推介会

5）участие в выставке 参加展会

6）семинар 研讨会

7）трудоустроиться 就业

8）генеральное консульство РФ 俄罗斯联邦总领事馆

9）предварительная запись 预约登记

10）полис медицинского страхования 医疗保险单

 Фоновые знания

О консульствах

Существуют следующие виды консульских учреждений：генеральное консульство，консульство，вице-консульство，консульское агентство．Во всех этих случаях никакой разницы в статусе этих учреждений нет．Сейчас большинство консульских учреждений в мире имеют статус генерального консульства．

В столичных городах может не существовать отдельного консульского учреждения，а только действовать консульский отдел посольства（такова，например，почти повсеместная практика России）．При этом на сотрудников консульского отдела распространяются дипломатические（то есть более широкие）привилегии и иммунитеты，а не консульские．

 Может быть полезно

Частная виза — это хороший вариант для тех，у кого есть родственники или друзья в России．Для оформления частной визы необходимо предъявить следующие документы：

· оригинал действительного заграничного паспорта и копия его главной страницы；

· заполненная и распечатанная анкета с приклеенной 1 цветной фотографией на белом фоне 3.5 см × 4.5 см；

- оригинал приглашения, оформленного в территориальном органе ФМС России или МИД России;

- копия внутреннего российского паспорта приглашающего лица (главная страница и страница с пропиской).

Если виза оформляется по заявлению, заполняемому в Генконсульстве, то также требуются оригиналы и копии документов о родстве, а также оригиналы и копии паспортов (внутрироссийского и заграничного) приглашающего лица.

 # Не нарушай!

В соответствии с ФЗ № 114-ФЗ «О порядке выезда из Российской Федерации и въезда в Российскую Федерацию» иностранный гражданин, уклоняющийся от выезда из РФ по истечении срока пребывания в РФ, является незаконно находящимся на территории РФ и несет ответственность в соответствии с законодательством РФ. Физические и юридические лица, содействующие иностранному гражданину в незаконном пребывании (проживании) в РФ, несут ответственность в соответствии с законодательством РФ.

 # Улыбнись

У блондинки не приняли анкету для американской визы из-за того, что она в самом конце, в графе «Не заполнять», написала «Хорошо».

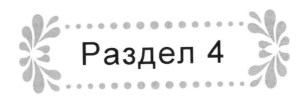

Раздел 4

Действия при уголовных преступлениях

Урок 1

Обращение в полицию

Диалог

Как подать заявление в полицию?

Ван Вэй: Алексей, скажи, пожалуйста, в каких случаях человек может **подать заявление в полицию**.

Алексей: Если гражданин был участником или свидетелем какого-то события, нарушающего закон, требуется заявить об этом в полицию. Причем, надо помнить, что заявления может быть подано, как в письменной, так и в устной форме. Чаще всего граждане обращаются в полицию при **мошенничестве**, драках, **ограблениях, изнасиловании**, кражах, авариях, **угонах машин, пропаже человека**.

Ван Вэй: Что делать, если я уверен, что следует обратиться в полицию?

Алексей: Необходимо взять удостоверение личности и выяснить, в какой отдел полиции обращаться. Нужно идти в отделение полиции, расположенное или по месту прописки заявителя, или по месту произошедшего нарушения. В полиции нужно **написать заявление** по образцу. Это наиболее трудная часть процесса.

Ван Вэй: А что должно быть указано в заявлении?

Алексей: В начале, в правом верхнем углу листа, пишется наименование отдела полиции, **ФИО** и должность лица, которому направляется документ. Обычно заявление пишется на имя начальника отдела. Чуть ниже указываются свои ФИО, домашний адрес и телефон для связи. Сейчас рекомендуется также указывать адрес электронной почты. По центру листа пишется слово «Заявление». Ниже, с «**красной строки**» излагается суть обращения. Если речь идет о преступлении, то стоит начинать с фразы: «Настоящим заявлением прошу привлечь к ответственности гражданина, который...»

Ван Вэй: А что делать, если произошло **преступление**, но я не знаю, как зовут **преступников**?

Алексей: В таком случае можно написать так: «Настоящим заявлением прошу **привлечь к ответственности** неизвестных мне лиц, которые...» После описания ситуации нужно оценить нанесенный ущерб. При наличии доказательств, их требуется перечислить и приложить к заявлению. Перечислить всех свидетелей, которые могут дать показания. После всего вышеперечисленного, с новой строки пишется фраза: «О наказании за заведомо ложный донос① по статье 306 УК РФ предупрежден». На каждой странице заявления, в самом низу, ставится дата написания и подпись лица. **Анонимные** обращения в полиции не принимаются.

Ван Вэй: А существуют ли сроки подачи заявления?

Алексей: Все зависит от характера правонарушений. Так, к примеру, о пропаже человека обычно заявляют спустя 3 дня. Но при этом можно написать и через год. Тогда придется разъяснять, по каким причинам заявление в полицию не было отнесено сразу же. Для мелких преступлений и нарушений действует ограничение в 2 года, для средних — 6 лет, для тяжких — 10 лет, для особо тяжких — 12 лет соответственно.

Ван Вэй: А что потом?

Алексей: После того, как заявление в полицию было подано, гражданину в обязательном порядке должны выдать специальный талончик-уведомление. Он послужит доказательством поданного заявления.

Ван Вэй: А сколько будет рассматриваться заявление?

Алексей: Как правило, на это отводится не более 3-х суток.

 ## Новые слова

1) подать заявление в полицию　　　　　报警

---

① ложный донос 诬告, 虚假诉讼

2）мошенничество   欺诈

3）ограбление   抢劫

4）изнасилование   强奸

5）угон машины   盗窃车辆

6）пропажа человека   人口失踪

7）написать заявление   立案申请

8）ФИО   姓名

9）красная строка   另起一行

10）преступление   犯罪行为

11）преступник   犯罪分子

12）привлекать к ответственности   追究（谁）法律责任
    （кого-либо）

13）анонимный   匿名的

Фоновые знания

Организация и назначение полиции

Полиция является составной частью системы МВД РФ. Полиция предназначена для защиты жизни, здоровья, прав и свобод граждан, для противодействия преступности, охраны общественного порядка, собственности и для обеспечения общественной безопасности. Руководство всей полицией в РФ осуществляет Министр внутренних дел. Министр внутренних дел подотчетен Президенту РФ. Деятельность полицейских регламентируется законом «О полиции».

Может быть полезно

Что делать, если вам отказывают в приеме заявления?

Если сотрудник полиции отказывается принимать заявление, то вежливо попросите предъявить его служебное удостоверение, далее сообщите ему, что вы намерены обжаловать его действия (обязательно зафиксируйте данные его удостоверения, ФИО и должность и время ваше обращения). После чего, обратитесь с заявлением в органы прокуратуры по месту нахождения отдела полиции, в котором вам отказали в принятии заявления. Лучше всего иметь свидетелей данного отказа или аудио или видео фиксацию отказа.

После установления факта отказа в приеме заявления, органами прокуратуры будут применены соответствующие меры. За отказ в приеме заявления сотрудник, виновный в данном действии, будет привлечен к дисциплинарной ответственности, последствиями чего может быть увольнение данного сотрудника из органов внутренних дел.

Также в прокуратуре вы можете подать заявление, в котором вам было отказано в отделении полиции и после прокуратура организует проведение надлежащей проверки.

 # Не нарушай!

За заведомо ложный донос предусмотрены следующие виды наказания:

- штраф в размере до 120 000 рублей или конфискация дохода за год;
- исправительные работы сроком до 2 лет;
- обязательные работы до 480 часов;
- арест сроком до 6 месяцев;
- лишение свободы сроком до 2 лет.

Если виновный обвинил невиновного человека в тяжком или особо тяжком преступлении, то наказание в таком случае будет строже:

- штраф от 100 000 до 300 000 рублей или конфискация дохода за 1
  – 2 года;

- принудительные работы сроком до 3 лет;

- лишение свободы до 3 лет.

 Улыбнись

1) Звонок в полицию:

— Алло, полиция?

— Да, что у вас случилось?

— Две девушки дерутся за меня.

— Молодой человек, а в чем, собственно, проблема?

— Некрасивая побеждает!

2) Поздно вечером полицейский наряд останавливает подвыпившего мужика:

— Куда это вы так бежите?

— На лекцию.

— Кто же так поздно читает их?

— Моя супруга.

Урок 2

Апелляции

Диалог

Как себя вести, если вас подозревают в краже?

Ван Вэй: Я видел, как охранник в магазине задержал и передал в руки милиции одного **воришку**, который украл бутылку водки. Мне интересно, что теперь ждет этого человека.

Алексей: Кража — это одно из самых распространенных преступлений в РФ. По данным Росстата, в 2018 году в России было совершено около 756 тысяч краж. Сейчас его ожидает или штраф или тюремное заключение.

Ван Вэй: А от чего зависит выбор наказания?

Алексей: Наказание зависит от стоимости украденного товара. Если стоимость украденного по магазинной **накладной** не превышает предел в тысячу рублей, кражу **квалифицируют** как мелкое хищение и считают **административным нарушением**.

Ван Вэй: Значит, если стоимость украденного товара выше одной тысячи рублей, то вор сядет в тюрьму?

Алексей: Чаще всего, если кража мелкая, и совершена гражданином впервые, уголовной ответственности удается избежать. Сделать это можно, **примирившись** и возместив ущерб **потерпевшей стороне**. Но **следователь** и **прокурор** могут настаивать на возбуждении дела, если посчитают проступок серьезным.

Ван Вэй: А что делать, если охранник в магазине считает, что покупатель украл что-либо, хотя на самом деле покупатель этого не совершал?

Алексей: Если охрана магазина **подозревает** покупателя в краже и не выпускает его из магазина, то покупатель вправе ознакомиться с доказательствами. Например, это может быть видеозапись момента, когда покупатель спрятал товар в свою сумку или в карманы одежды. Кроме того, доказательством может служить и факт не оплаты товара на кассе. То есть покупатель на выходе из магазина проходил мимо кассы и не оплатил товар. Если ваша свобода перемещения ограничивается и не предоставляется никаких доказательств вашей вины, то вы вправе вызвать полицию.

Ван Вэй: А имеет ли право охрана магазина **обыскивать** покупателей?

Алексей: Закон не позволяет охранникам производить обыск посетителей. В данном случае правильнее говорить не «обыск», а «досмотр①».

Ван Вэй: А в чем разница между обыском и досмотром?

Алексей: Обычно обыск производится в отношении помещений и только по **решению суда**, а досмотр производится в отношении людей или **транспортного средства**, при этом решение суда не нужно. Надо помнить, что только сотрудники полиции вправе осуществить досмотр гражданина. В процессе досмотра должны присутствовать **понятые**. Закон требует, чтобы и проводящий обыск сотрудник полиции, и понятые были того же пола, что и досматриваемое лицо.

Ван Вэй: Как это понимать?

Алексей: То есть, если подозреваемое в краже лицо женщина, то и досматривать ее должна женщина.

Новые слова

1) апелляции	申诉、上诉
2) воришка	小偷
3) кража	盗窃
4) накладная	货运单
5) квалифицировать	核定、审定、鉴定
6) административное нарушение	行政违法行为
7) примиряться	和解

---

① досмотр 搜身

8）потерпевшая сторона 受害方

9）следователь 侦察员

10）прокурор 检察长

11）подозревать 怀疑

12）обыскивать 搜查

13）решение суда 法院判决

14）транспортное средство 交通工具

15）понятой （搜查、登记财产等时，当局约来当场作证的）证人，见证人

 **Фоновые знания**

Федеральная служба государственной статистики（Росстат）

Росстат — российский федеральный орган исполнительной власти, осуществляющий функции по формированию официальной статистической информации о социальном, экономическом, демографическом и экологическом положении страны, а также функции по контролю и надзору в области государственной статистической деятельности на территории Российской Федерации.

Основными функциями являются:

· представление в установленном порядке статистической информации гражданам, Президенту Российской Федерации, Правительству Российской Федерации, Федеральному Собранию Российской Федерации, органам государственной власти, средствам массовой информации, другим организациям, в том числе международным;

· разработка и совершенствование научно-обоснованной официальной статистической методологии для проведения статистических наблюдений и формирования статистических показателей, обеспечение соответствия указанной методологии международным стандартам;

· разработка и совершенствование системы статистических показателей, характеризующих состояние экономики и социальной сферы;

· сбор статистической информации и формирование на ее основе официальной статистической отчетности;

· развитие информационной системы государственной статистики, обеспечение ее совместимости и взаимодействия с другими государственными информационными системами;

· обеспечение хранения государственных информационных ресурсов и защиты конфиденциальной и отнесенной к государственной тайне статистической информации.

 ## Может быть полезно

Кто такой понятой и какие у него есть права и обязанности?

Этот участник судебного производства нужен для того, чтобы проконтролировать правильность сведений о следственном действии, которые следователь вносит в протокол. Он внимательно наблюдает за всеми этапами, например, обыска, смотрит, как именно оперативники производят это действие, а потом изучает составленный ими протокол. В протоколе описывается, что именно было сделано опергруппой, когда и где именно, обнаружен или нет искомый предмет (если речь идет об обыске). Понятой, прочитав этот отчет и убедившись, что все верно, ставит свою подпись. Его задача — подтвердить, что представители власти не допустили никаких нарушений (например, что пакетик с наркотиками был действительно найден, а не подброшен полицейскими). Обычно понятые привлекаются прежде всего именно при обыске.

Права понятого

К специфическим правам понятого относятся:

· право на участие в следственном действии (то есть понятой может присутствовать лично на всех этапах этого действия);

• право на подачу жалоб на действия или бездействие следователя и на любые его решения, которые ограничивают права понятого;

• право на свободное высказывание любых замечаний, комментариев, заявлений, которые касаются действий следователя и оперативников (такие замечания тоже заносятся в протокол, причем понятой может сделать это лично);

• право на возмещение всех понесенных убытков (например, расходов на проезд — если, конечно, сохранились все билеты на общественный транспорт);

• право на возмещение той части зарплаты, которую понятой не получил из-за того, что в рабочее время помогал правоохранителям;

• право на выплату компенсации за потраченное время и отвлечение от обычных занятий. Сумма компенсации рассчитывается в индивидуальном порядке.

Обязанности понятого

Если человек принимает приглашение следователя и получает статус понятого, он одновременно наделяется рядом обязанностей.

К ним относятся:

• обязанность подтвердить сам факт проведения следственного действия (то есть наблюдать, как оно проводится, внимательно прочесть протокол и, если там все верно, поставить свою подпись);

• прибыть по вызову следователя или в суд;

• не сообщать никому без разрешения данные предварительного расследования (если следователь потребовал этого от него заранее);

• соблюдать все остальные уголовно-процессуальные требования.

Не нарушай!

Какое наказание предусмотрено за кражу?

В 158 статье УК РФ говорится, что минимальное наказание — оплата штрафа за воровство в размере 80 000 рублей, максимальное — лишение свободы сроком на два года.

 Улыбнись

1) В суде:

— Расскажите подробнее, как вы украли часы у этого господина?

— Да разве же я крал, господин судья! Я только вынул у этого господина часы из кармана, чтобы посмотреть который час. Но было темно и я побежал к фонарю, чтобы глянуть на циферблат. Смотрю, а господина уже нет. Ищу я ищу его, но нигде не могу найти. И вот, наконец, встретил его в суде. Слава Богу!

2) Разговаривают два старых вора:

— Ты не представляешь, до чего все-таки упали нравы в обществе.

— А что случилось?

— Вчера залез в карман к одному очкастому интеллигенту и что же ты думаешь? Он ухитрился снять с моего пальца золотой перстень!

Урок 3

Защита жизни и прав

Диалог

Как себя вести, если произошла драка?

Ван Вэй: Алексей, знаешь ли ты о том, что вас — русских у нас в Китае называют «боевой народ»? Вы, действительно, любите драться?

Алексей: Ха-ха! Нет, мы не любим драк, но зачастую приходится драться.

Ван Вэй: А с чем это связано?

Алексей: Причиной драки может быть плохое настроение одного из участников конфликта, или чье-то грубое слово, а иногда и состояние алкогольного опьянения. Кроме того, русские дерутся чаще, чем китайцы по причине того, что у нас в стране не так сильно развито **видеонаблюдение**.

Ван Вэй: А при чем тут видеонаблюдение?

Алексей: Дело в том, что, если ты хочешь наказать человека, который тебя избил, или причинил физический вред, то лучше иметь **видео доказательства**. Ведь драка не всегда заканчивается нанесением **телесных повреждений**, которые можно показать сотрудникам полиции. А без видео доказательств, без видимых повреждений и без свидетелей очень трудно доказать не только то, что ваш оппонент первым напал на вас, но и сам факт драки. Поэтому, многие хулиганы, зная, что смогут уйти от ответственности, не задумываясь, распускают руки.

Ван Вэй: Так что же делать, если драка произошла?

Алексей: Если тебя избили, то, несомненно, следует обратиться в милицию. При этом лучше иметь четкую **доказательную базу**. Для начала необходимо **снять побои**. Специалисты советуют делать это не сразу, а через 1 − 2 дня. Дело в том, что **гематомы** проявляются как раз через это время, а **царапины** еще не успевают исчезнуть. Скорейшее обращение в медицинское учреждение говорит в пользу потерпевшего. Если потерпевший обратится за медицинским **освидетельствованием** спустя длительное время, то суд будет относиться к нему с некоторым недоверием.

Ван Вэй: А где можно снять побои?

Алексей: Если человек в состоянии перемещаться самостоятельно, то он может поехать в ближайший **травматологический пункт**. Там ему надо обратиться к дежурному врачу. Справка о побоях выдается бесплатно. При этом на справке должна стоять печать медицинского учреждения, должны быть указаны дата и время освидетельствования. Если побои тяжелые или средней тяжести, то следует вызвать скорую помощь или полицию. Прибывший на вызов участковый также может вызвать врача.

Ван Вэй: Хорошо. А что делать дальше?

Алексей: После того, как потерпевший снял побои, он может написать заявление в полицию или обратиться в суд общей юрисдикции, приложив результаты медицинского освидетельствования. Если потерпевший не знает по какой статье следует привлекать лицо, нанесшее побои, то не стоит указывать это в заявлении. Суд сам решит как **квалифицировать** действия вашего обидчика и присудит ему соответствующее наказание: штраф, арест или тюремное заключение. Главное помни — в России действует **презумпция невиновности**, поэтому все доказательства вины своего обидчика ты должен собрать сам. Следует помнить, что даже если побои не были зафиксированы, потерпевший все равно может обратиться в суд, пригласив свидетелей, которые могут подтвердить, что они видели ссадины или синяки, когда они еще были.

Ван Вэй: А какая ответственность предусмотрена за драку, например, на улице?

Алексей: Если на улице хулиган решил подраться с прохожим и при этом не нанес ему повреждений, повлекших вред здоровью, то виновнику грозит административное наказание за драку. Если это уже не первый случай на счету хулигана, то может быть **возбуждено и уголовное дело**.

Новые слова

1)	видеонаблюдение	监控
2)	видео доказательства	视频证据
3)	телесное повреждение	人身伤害
4)	доказательная база	证据材料
5)	снять побои	验伤
6)	гематома	血肿
7)	царапина	抓伤
8)	освидетельствование	检验、检查
9)	травматологический пункт	创伤急救科
10)	квалифицировать	认定、评价
11)	презумпция невиновности	无罪推定
12)	возбуждать уголовное дело	提起刑事诉讼

Фоновые знания

Травматологический пункт (травмпункт)

Травматологический пункт — подразделение поликлиники, предназначенное для оказания круглосуточной медицинской помощи лицам, получившим травмы. Травмпункт организуется в одной из поликлиник города (района). Кроме того, травмпункт может быть организован на крупном предприятии с количеством сотрудников 30 – 40 тысяч человек.

Может быть полезно

План действий при получении побоев:

· Звонок в полицию по телефону 102.

- Участковый или следственно-оперативная группа произведут письменный опрос очевидцев и возьмут их контакты для дальнейшей связи.

- Потребуйте, чтобы был составлен протокол осмотра места происшествия. Дело в том, что при отсутствии свидетелей, протокол осмотра места происшествия будет служить одним из доказательств.

- Получите от полицейских направление на судебно-медицинское освидетельствование. Специалисты установят тяжесть вреда причиненного здоровью.

- Дайте подробные объяснения и точно укажите все насильственные действия, которые были совершены в вашем отношении.

- Напишите заявление в полицию и получите талон-уведомление с номером регистрации заявления. По данному номеру можно будет узнать о ходе проверки.

- Если сотрудники полиции не работают по вашему заявлению, то стоит написать жалобу начальнику органа полиции или в прокуратуру.

 Не нарушай!

Что будет за драку?

Если оба участника драки напишут заявления в полицию, считая себя пострадавшей стороной (ведь в драке оба участника могут получить травмы), примут ко вниманию свидетельства того, кто защищался. Тот вред, который защищавшийся нанес нападавшему не будет наказываться, т. к. нападавший действует умышленно, а защищающийся — без умысла.

Если же произошла не драка, а избиение, то в зависимости от обстоятельств избиения предусмотрена разная ответственность. Например, если избиение совершено по мотивам национальной или религиозной ненависти, если причиняется из хулиганских побуждений, или причинено близким людям (родители, супруги, дети и т. д.), то будет возбуждено уголовное дело. Также следует учитывать степень тяжести нанесенных побоев и было ли нанесение вреда здоровью умышленным или не умышленным.

 Улыбнись

1) Разговаривают двое:

— Для меня в драке все равно, дерется ли со мной один человек или сто.

— Как так?

— Да я в любом случае убегаю.

2) Самый плохой противник в драке — спортсмен бегун. Если ты сильнее — ты его не догонишь. Если он сильнее — от него не убежишь.

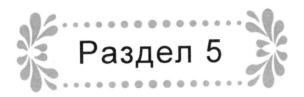

Раздел 5

Защита прав на интеллектуальную собственность

Урок 1

Авторские права

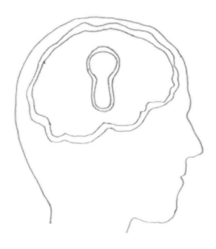

Диалог

Как защитить авторские права?

Ван Вэй: У меня есть одна потрясающая идея, но я не знаю как ее реализовать.

Алексей: Что за идея?

Ван Вэй: Ты же знаешь, что я с детства люблю писать сочинения и рассказы. А недавно я попробовал себя в новом жанре.

Алексей: Ты написал стихи?

Ван Вэй: Нет, не стихи. Я начал писать сценарий к фильму о любви. И хочу отослать его какому-нибудь известному продюсеру. Продюсер может снять фильм, а я могу получить **авторский гонорар**.

Алексей: Здорово! Поздравляю! А в чем же **загвоздка**?

Ван Вэй: Проблема в том, что я не знаю, как мне защитить свою **интеллектуальную собственность**. Вдруг кинокомпания, получив и прочитав мой сценарий, воспользуется им, а мне за это ничего не заплатит. Ты можешь подсказать мне, как защитить свою интеллектуальную собственность?

Алексей: Поскольку в твоем случае, речь идет о тексте, автором которого ты являешься, то я думаю, что тебе следует обратиться в **Российское авторское общество**. Российское авторское общество выдаст тебе свидетельство о регистрации у них твоего произведения.

Ван Вэй: А будет ли это являться доказательством авторских прав?

Алексей: Нет, конечно. Ведь авторское общество не знает, что являешься ли именно ты автором сценария. Оно может лишь **засвидетельствовать** тот факт, что такого-то года, такого-то месяца, и такого-то числа ты уже имел на руках этот сценарий. В случае **судебного разбирательства**, выданное обществом свидетельство не будет стопроцентным доказательством твоего авторства, но будет являться веским аргументом.

Ван Вэй: А какие еще органы в России занимаются защитой авторских прав?

Алексей: Кроме РАО, ты можешь обратиться и в любую **нотариальную контору**. **Нотариус** заверит дату и время предъявляемого документа. Это будет хорошим аргументом в случае судебного разбирательства.

 ## Новые слова

1） авторский гонорар	版税,稿费
2） загвоздка	难题
3） интеллектуальная собственность	知识产权
4） Российское авторское общество	俄罗斯作家协会
5） засвидетельствовать	证明
6） судебное разбирательство	法院审理
7） нотариальная контора	公证处
8） нотариус	公证人

Фоновые знания

Общероссийская общественная организация
«Российское Авторское Общество»（РАО）

Общероссийская общественная организация «Российское Авторское Общество»（РАО）— негосударственная некоммерческая организация, созданная авторами и иными правообладателями для осуществления управления авторскими правами на коллективной основе. Основной целью Общества является формирование эффективной системы защиты авторских прав. РАО представляет законные интересы авторов и иных правообладателей в государственных и общественных организациях, а также за рубежом.

 ## Может быть полезно

Вы можете ознакомить ваших друзей или коллег с произведением, автором которого вы являетесь. При этом лучше всего предъявить и черновики. Этим вы обеспечите себе наличие свидетелей, которые, в случае судебного разбирательства, смогут выступать на вашей стороне. Кроме того, перед тем, как высылать свое произведение кому-либо, рекомендуется отправить его себе на электронную почту. Письмо будет храниться в папке «Входящие», а рядом с ним будет отображаться дата и время получения.

 ## Не нарушай!

Получение прибыли с помощью привоза, продажи, проката или любого другого незаконного пользования экземплярами творческой работы или фонограммами, являющимися контрафактными, карается штрафным взысканием в сумме:

- от 1 500 до 2 000 рублей для физлиц;
- от 10 000 до 20 000 рублей для должностных лиц;
- от 30 000 до 40 000 рублей для организаций.

Какое именно наказание применить к преступнику за нарушение авторских прав, решает суд. Отделить уголовную ответственность от административной можно по мотивам правонарушителя. Если целью было получение прибыли, то ответственность — административная. Однако если потери автора превысят 100 000 рублей, то наступает уголовная ответственность, независимо от стремлений нарушителя. Крупным размером считается стоимость контрафактных произведений или ущерб от нарушения авторских и смежных прав на сумму больше 100 000 рублей. Особо крупный масштаб нарушения — больше 1 000 000 рублей.

 # Улыбнись

1) Удивительное изобретение — психоанализ. С его помощью самые примитивные люди начинают думать, что они сложные натуры.

2) Главная цель изобретений — сберечь человеку время. Исключение — изобретение телевизора.

3) Разговор двух секретарш:

— Страшное это изобретение — печатная машинка!

— Почему?

— Когда не работаешь, то всем сразу слышно!

Урок 2

Патентные права

Диалог

Как подать заявление на получение патента?

Ван Вэй: Алексей, привет!

Алексей: Привет! Ты что такой веселый?

Ван Вэй: Вчера вечером я придумал новый дизайн одежды. Это будет красивая и функциональная одежда. Мне кажется, что я настоящий гений и поэтому у меня хорошее настроение.

Алексей: Поздравляю! И что ты планируешь делать теперь?

Ван Вэй: Думаю, что для начала следует получить **патент** и мне очень нужна твоя консультация.

Алексей: Хорошо. Я с удовольствием помогу тебе. Во-первых, давай определимся с тем, что ты «изобрел». То есть нам надо разобраться с объектом патентования. Это может быть **изобретение, полезная модель** или **промышленный образец**.

Ван Вэй: Ой, а что это такое? Я в этом совсем ничего не понимаю. Объясни, пожалуйста.

Алексей: Начнем с самого сложного — с изобретения. Чтобы считаться изобретением, изделие, которое ты придумал, должно отличаться изобретательским уровнем, новизной и промышленной применимостью. Второй по сложности считается полезная модель. Она должна отличаться новизной и промышленной применимостью, при этом требовании к изобретательскому уровню гораздо ниже, чем в случае с изобретением. Третий по сложности — это промышленный образец. К нему возможно отнести лишь решения, связанные с художественно-конструкторскими характеристиками изделия, которые определяют его внешний вид, то есть дизайн.

Ван Вэй: А что мне делать дальше?

Алексей：Далее тебе нужно будет подать заявление на регистрацию патента. Бланк заявления ты можешь найти на официальном сайте Роспатента. Там же ты можешь и подать заявление. Затем тебе надо будет уплатить **государственную пошлину**. В завершении, ты сможешь наблюдать за ходом регистрации твоего патента через сайт Роспатента.

Ван Вэй：По твоим словам получается, что сделать это давольно просто.

Алексей：Ну, конечно же, нет. На самом деле, это сложная процедура. Зачастую умные ученые или инженеры-конструкторы в состоянии придумать что-то новое, но не в состоянии запатентовать свое изобретение. Ведь сначала заявке изобретателя придется столкнуться с **формальной проверкой** и **проверкой по существу**.

Ван Вэй：А что это такое?

Алексей：Формальная проверка заявки включает：наличие необходимых документов и соблюдение исполнения требований к ним, оплата пошлины в должном размере, соблюдение порядка подачи заявки, соблюдение требования единства изобретения, соблюдение установленного порядка представления дополнительных материалов, правильность классифицирования изобретения в соответствии с Международной патентной классификацией. Затем заявка должна будет пройти проверку по существу, которая включает：установление приоритета изобретения, проверку представленной заявителем формулы изобретения, проверку дополнительных материалов, проверку соответствия изобретения условиям патентоспособности.

Ван Вэй：Ой, как сложно. Наверное, сам я не справлюсь.

Алексей：На этот случай существуют специальные люди, которых называют **патентными поверенными**.

Новые слова

1）патент   专利

2）изобретение   发明

3）полезная модель   实用新型

4）промышленный образец   外观设计

5）государственная пошлина   国家规费

6）формальная проверка   形式审查

7）проверка по существу   实质审查

8）патентный поверенный   专利代理人

Фоновые знания

Федеральная служба по интеллектуальной собственности,
патентам и товарным знакам（Роспатент）

Роспатент является федеральной службой России, осуществляющей функции по контролю и надзору в сфере правовой охраны и использования объектов интеллектуальной собственности. Находится в ведении Министерства экономического развития Российской Федерации.

Основные функции：

· регистрация изобретений；

· регистрация полезных моделей；

· регистрация промышленных образцов；

· регистрация товарных знаков；

· аттестация патентных поверенных.

Может быть полезно

Обращение в патентное бюро обладает рядом очевидных преимуществ: экономия времени и сил, уверенность в положительном результате, защита от бюрократических проволочек, минимизация возможных ошибок в процессе регистрации патента и, как следствие — сокращение сроков на оформление. Кроме того, патентное бюро берет на себя обязательства по проведению патентного поиска, который необходим для того, чтобы удостовериться, что ваше техническое решение патентоспособно и обладает достаточной уникальностью и оригинальностью. Патентный поиск выполняется специальными патентными бюро до подачи заявки на регистрацию патента. Предварительная оценка патентоспособности является важным шагом, так как высока вероятность того, что в базе Роспатента уже существует нечто подобное.

 Не нарушай!

Что будет, если разболтать о чужом изобретении?

Разглашение сути и деталей изобретения, полезной модели или промышленного образца раньше дня публичного объявления сведений о них, приписывание себе авторства или навязывание соавторства караются в сумме:

· от 1 500 до 2 000 рублей для граждан;

· от 10 000 до 20 000 рублей для должностных лиц;

· от 30 000 до 40 000 рублей для юрлиц.

 Улыбнись

1) Приходит изобретатель в патентное бюро:

— Быстрее зарегистрируйте мою машину времени.

— Машина времени была зарегистрирована 3 мая 1994 года.

— Ну блин, вот не повезло. Скажите, а ваше бюро работает 2 мая 1994 года?

2) Изобретатель демонстрирует свое новое изобретение:

— Я разработал систему, которая позволяет установить личность человека по голосу.

— Интересно, что я должен сделать?

— Вы должны четко и ясно назвать свои имя и фамилию.

3) Изобретатель пришел в фирму:

— Хочу предложить вашей фирме свое последнее изобретение — автомат для бритья. Клиент опускает монетку, просовывает голову в отверстие и две бритвы автоматически начинают его брить.

— Это хорошо… Но… Ведь у каждого клиента индивидуальное строение лица?

— Это только до первого бритья.

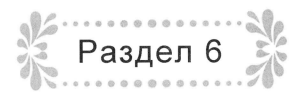

Раздел 6

Защита прав потребителей

Урок 1

Решение вопросов с качеством товара

Диалог

Как вернуть в магазин сломанную вещь?

Ван Вэй: Недавно я купил пылесос, но, придя домой, обнаружил, что он сильно шумит и почти не втягивает мусор. Могу ли я сдать его обратно в магазин?

Алексей: В соответствии со статьей 18 «**Закона о защите прав потребителей**», в случае обнаружения в товаре недостатков, потребитель по своему выбору вправе потребовать замены на товар этой же марки, или на такой же товар другой марки с соответствующим перерасчетом покупной цены. Кроме того, потребитель вправе потребовать незамедлительного и безвозмездного **устранения недостатков** товара. Если ты уже отремонтировал этот товар за свой счет, то ты вправе потребовать возмещения соответствующих расходов. Требования о замене товара на аналогичный ты можешь выдвинуть в течение 15 дней со дня передачи тебе такого товара.

Ван Вэй: А что надо для замены товара?

Алексей: Тебе необходимо принести неисправный товар в магазин и написать заявление в двух экземплярах о его замене.

Ван Вэй: А почему в двух экземплярах?

Алексей: Один экземпляр ты оставишь у себя, а второй передашь им. Также тебе надо будет попросить сотрудников магазина поставить на одном из экземпляров заявления печать фирмы, а также должность, фамилию и подпись принявшего лица. При этом, лучше всего иметь при себе упаковку и товарный чек.

Ван Вэй: А как скоро мне обязаны выдать аналогичный товар?

Алексей: В этом случае аналогичный товар надлежащего качества тебе должны выдать в течение 7 **календарных дней**. Возможно, продавцу потребуется провести **экспертизу** для определения причин возникшего дефекта.

Положения об экспертизе **регламентированы** «Законом о защите прав потребителей». **По умолчанию**, экспертиза производится за счет продавца. Но, если по результатам заключения станет ясно, что повреждения (дефекты) стали следствием вины покупателя, тот обязуется возместить расходы на экспертизу. Если руководство магазина так и не ответит на заявление или ответит отказом — нужно обратиться в суд с исковым заявлением.

Ван Вэй: А если сотрудники магазина не захотят принимать заявление?

Алексей: В этом случае направляй претензию по почте **заказным письмом** с **уведомлением о вручении** по адресу магазина. После того, как ты попытался передать им заявление, но они отказались его принимать, ты можешь запросить у них письменный отказ. Если они не соглашаются на то, чтобы предоставить тебе отказ в письменной форме, то ты можешь получить от них отказ и в устной форме.

Ван Вэй: А как я могу доказать, что мною был получен отказ в устной форме?

Алексей: Для этого, ты можешь заснять весь процесс разговора на видеокамеру или телефон. В суде это будет служить доказательством отказа.

Ван Вэй: А разрешается ли вести видеосъемку в магазинах?

Алексей: Да, конечно. Статья 29 «конституции Российской Федерации» позволяет всем гражданам собирать информацию любым законным путем. Если кто-то запрещает тебе вести съемку в общественном месте, то он нарушает твои **конституционные права**.

 Новые слова

1) «Закон о защите прав потребителей»   《消费者权益保护法》
2) устранять недостатки   消除瑕疵
3) календарный день   公历日

4）экспертиза   鉴定、检验

5）регламентировать   制定规则

6）по умолчанию   默认

7）заказное письмо   挂号信

8）уведомление о вручении   送达通知

9）конституционное право   宪法权利

 **Фоновые знания**

Организации защиты прав потребителей

В России существуют различные организации по защите прав потребителей. Это могут быть как общественные организации, так и отделы по защите прав потребителей при администрации города.

Обычно такие организации оказывают помощь потребителям в следующих вопросах:

- составление претензий（ жалоб или исков）в суды любого уровня;

- проведение независимой экспертизы, как по запросу потребителя, так и по собственной инициативе;

- проведение обучающих и просвещающих конференций в области защиты прав потребителей;

- оказание консультационных услуг населению и организациям по вопросам защиты прав потребителей.

 Может быть полезно

Видео и фотосъемка запрещается или требует отдельного разрешения в нижеследующих местах:

- здания судов（ снимать судебный процесс можно лишь с разрешения председательствующего судьи）;

- здания исправительных учреждений;

- закрытые заседания Государственной Думы[1];
- объекты[2] Федеральной таможенной службы;
- территория Министерства топлива и энергетики;
- полоса[3] в 5 километров от государственной границы (съемка допустима только по письменному разрешению ФСБ);

 ## Не нарушай!

Что ждет нарушителя прав потребителя?

За нарушение прав потребителей, установленных законами и иными нормативными правовыми актами Российской Федерации, продавец (исполнитель, изготовитель, уполномоченная организация или уполномоченный индивидуальный предприниматель, импортер) несет «административную», «уголовную» или «гражданско-правовую» ответственность в соответствии с законодательством Российской Федерации.

 ## Улыбнись

1) Покупатель и продавец:

— Скажите, какие ваши стиральные порошки стирают?

— В принципе стирают все.

— Дайте мне вон тот, подешевле.

(Через несколько дней.)

— Ваш порошок совершенно не отстирывает!

— Так вы и спрашивали, какие стирают, а не какие отстирывают!

---

① закрытые заседания Государственной Думы 国家杜马封闭会议
② объекты 这里指联邦海关办公楼、建筑以及其他设施。
③ полоса 地带

2) В суде:

— Подсудимый, вы зачем кинули камень в продавца и разбили ей голову?

— Ваша честь, это был не камень, а ее «свежая булочка»!

3) Трое продавцов хвалятся своими достижениями:

Первый: Представляете, я продал MP3 плеер глухому!

Второй: Это еще что, вот я продал теннисную ракетку безрукому.

Третий: А я продал часы с кукушкой соседу.

Первый и второй: Ну и что здесь такого?

Третий: А то, что я ему для этой кукушки еще и мешок зерна продал!

Урок 2

Нарушение прав потребителя

Диалог

Как защитить свои права в кафе?

Ван Вэй: Привет, Алексей!

Алексей: Привет, Ван Вэй. Что-то ты снова выглядишь каким-то грустным. Что произошло?

Ван Вэй: Меня не пустили в один ресторан. Сказали, что у них **фейсконтрололь**. Скажи, имеют ли они право не пустить меня в ресторан?

Алексей: Согласно пункту 16 Правил оказания услуг **заведение общественного питания** обязано оказать услугу любому потребителю, обратившемуся к нему с намерением заказать услугу. Бывает, что потребитель сообщает об этом охраннику, но тот парирует в ответ: «Организация общественного питания, согласно вышеупомянутым правилам, вправе самостоятельно устанавливать в местах оказания услуг правила поведения для посетителей. Например, это может быть ограничение курения, запрещение нахождения в верхней одежде и другое. Надо помнить, что данные правила не должны противоречить законодательству — это ключевая мысль. Если ваши действия не нарушают **общественный порядок**, то охрана не имеет права вас не впустить.

Ван Вэй: А какие еще тонкости необходимо знать нам — простым потребителям?

Алексей: Иногда заведения общественного питания **навязывают** дополнительные услуги. Например, они могут продавать входные билеты, мотивируя это тем, что посетителю предлагается развлекательная программа. Но такое поведение лишает потребителей права выбора услуги. Ведь, возможно, человеку не нужна развлекательная программа и он лишь хочет поесть.

Ван Вэй: А что делать, если я обнаружил в еде муху или таракана, например?

Алексей: Потребитель при обнаружении недостатков оказанной услуги вправе по своему выбору потребовать:

- соответствующего уменьшения цены оказанной услуги, включая продукцию общественного питания;
- безвозмездного **повторного** изготовления продукции общественного питания надлежащего качества.

Лучше всего для обсуждения возникшей ситуации пригласить администратора. В случае, если конфликт невозможно урегулировать на месте, либо ваши законные и обоснованные требования выполнить отказались, вы вправе оставить свою жалобу в **книге отзывов и предложений**, а так же написать письменную претензию руководству кафе. Владелец точки питания обязан иметь книгу отзывов и предложений, которая предоставляется потребителю по его требованию. Главное помни, что необходимо сохранять чек из кафе!

Ван Вэй: А для чего нужно сохранять чек?

Алексей: Дело в том, что некоторые кафе используют не свежие продукты, что может привести к **пищевым отравлениям**. Чек нужен для того, чтобы у потребителя на руках было доказательство получения услуги питания именно в этом кафе или ресторане. Имея этот чек, клиент заведения общественного питания может защитить свои права. Вред, причиненный жизни или здоровью клиентов заведения общественного питания, подлежит возмещению в полном объеме организацией общественного питания. Посетитель кафе или ресторана имеет право потребовать возместить вред, причиненный его здоровью, непосредственно у администрации ресторана. Если ему откажут, он может обратиться в суд. Возмещению подлежат не только расходы на лечение, утраченный заработок (доход) посетителя, а также все дополнительные расходы, направленные на восстановление здоровья. Это могут быть затраты на дополнительное питание, приобретение лекарств, лечение зубов, посторонний уход, санаторно-курортное лечение, приобретение специальных транспортных средств. Если клиент и ресторан не договорились, то потерпевший может обратиться в суд. Для этого ему нужно будет представить доказательства, подтверждающие факт **увечья** или иного вреда здоровью, а также размер причиненного вреда. В любом случае, при поступлении жалобы от потребителя в Роспотребнадзор, организацию общественного питания ожидает проверка со стороны **санитарно-эпидемиологической службы.**

Ван Вэй: А все ли заведения выдают чеки клиентам?

Алексей: Закон обязывает продавца выдавать клиенту контрольно-кассовый чек. Согласно статье 14.5 «**Кодекса Российской Федерации об административных правонарушениях**» продажа товаров без применения **контрольно-кассовых машин** влечет наложение штрафа.

 # Новые слова

1) фейсконтроль	仪容仪表检查（指检查顾客外貌、发型、衣着是否符合豪华夜总会、酒吧、餐馆的规定）（英语 face control）
2) заведение общественного питания	公共餐饮部门
3) общественный порядок	社会秩序
4) навязывать	强迫(谁)接受
5) повторный	重复的、再一次的
6) книга отзывов и предложений	意见簿
7) пищевое отравление	食物中毒
8) увечье	残废、创伤
9) санитарно-эпидемиологическая служба	卫生防疫局
10) «Кодекс Российской Федерации об административных правонарушениях»	«俄罗斯联邦行政违法法典»

11）контрольно-кассовая машина 收银机

Фоновые знания

Санитарно-эпидемиологическая станция（СЭС）

Санитарно-эпидемиологическая станция（СЭС）— учреждение санитарно-эпидемиологической службы，осуществляющее предупредительный и текущий санитарный надзор，а также организующее проведение санитарно-профилактических и противоэпидемических мероприятий на соответствующей территории（республика，край，область，округ，город，район）.

Может быть полезно

Знаете ли вы，что в России вы имеете право на получение информации：о фирменном наименовании организации，месте ее нахождения（адрес），типе организации и режиме ее работы. Индивидуальный предприниматель также должен предоставить информацию о государственной регистрации и наименовании зарегистрировавшего его органа. Если деятельность индивидуального предпринимателя подлежит лицензированию（например，розничная продажа алкогольной продукции），то он обязан довести до потребителя информацию о номере，сроке действия лицензии，а также об органе，ее выдавшем，которая размещается в удобных для ознакомления потребителем местах（уголок потребителя）.

Исполнитель обязан в наглядной и доступной форме довести до сведения потребителей необходимую и достоверную информацию об оказываемых услугах，обеспечивающую возможность их правильного выбора.

Информация должна содержать：

· перечень услуг и условия их оказания，цены в рублях и условия оплаты услуг；

- наименование предлагаемой продукции общественного питания с указанием способов приготовления блюд и входящих в них основных ингредиентов;

- сведения о весе (объеме) порций готовых блюд продукции общественного питания.

- сведения о пищевой ценности продукции общественного питания (калорийности, содержании белков, жиров, углеводов) и составе (в том числе наименование использованных в процессе изготовления пищевых добавок, биологически активных добавок, информация о наличии в продуктах питания компонентов, полученных с применением генно-модифицированных организмов).

 ## Не нарушай!

В России во всех кафе и ресторанах висят таблички с предупреждением о запрете курения, а во всех общественных местах действует запрет на курение. Но, если вы проигнорируете этот запрет и решите покурить, то можете быть оштрафованы. Минимальный штраф составит 500 рублей. Если курение будет осуществляться на вокзалах, то штраф возрастает до полутора тысяч рублей. За курение на территории детских площадок нужно заплатить штраф, который составит от двух до трех тысяч рублей.

 ## Улыбнись

1) Разговаривают две подруги:

— Наконец-то вчера в ресторане мой парень сказал те четыре слова, которые я так долго от него ждала!

— Наверное, он спросил будешь ли ты его женой?

— Нет, он сказал: «Убери деньги, я заплачу!»

2) В ресторане:

— Официант, можно мне кофе?

— Я вам доктор что ли, откуда я знаю, можно вам кофе или нельзя.

3) В ресторане посетитель спрашивает официанта:

— Скажите, у вас в меню дикая утка?

— Нет, но для вас мы можем раздразнить домашнюю.

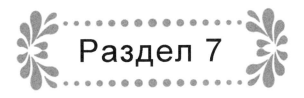

Раздел 7

Защита труда

Урок 1

Трудоустройство

Диалог

Как в России устроиться на работу?

Ван Вэй: Сегодня я хотел бы поговорить о работе и **трудовом праве** в России. Например, с какого возраста россиянам можно начинать трудовую деятельность?

Алексей: По общему правилу, установленному в статье 63 «Трудового кодекса РФ», трудовой договор может быть заключен с работником, которому исполнилось шестнадцать лет. Но обычно **несовершеннолетних** сотрудников можно **нанимать** только на легкие работы, а также необходимо убедиться в том, что работа совершается ими в свободное от учебы время, например, на каникулах. Иначе **работодателю** грозит штраф. Например, когда я учился в старших классах школы, то продавал квас на летних каникулах. Такая работа не считается тяжелой и работодатель не понесет никакой ответственности за использование труда несовершеннолетних.

Ван Вэй: А откуда работодатель и сотрудник могут получить информацию по трудовому законодательству?

Алексей: Ну, конечно же, из «**Трудового кодекса Российской Федерации**». Там все подробно расписано. Вряд ли у тебя получится запомнить все статьи кодекса, но лучше знать его основные положения.

Ван Вэй: На что следует обратить внимание при устройстве на работу?

Алексей: Во-первых, нужно собрать информацию о компании, куда ты собираешься устраиваться. Во-вторых, необходимо заключить трудовой договор. Иногда работодатель может предложить тебе поработать на **испытательном сроке** без трудового договора. Это очень опасно, ведь есть вероятность, что тебе ничего не заплатят или заплатят меньше, чем обещали. Длительность испытательного срока должна быть прописана в трудовом договоре. Также следует проследить за тем, чтобы сведения о твоей работе были занесены в **трудовую книжку**.

Ван Вэй: Я никогда не слышал про трудовую книжку. Что это за документ?

Алексей: Трудовая книжка — это основной документ, подтверждающий трудовую деятельность и **трудовой стаж** работника. В ней указывается, когда сотрудник был принят на работу и когда он уволился или был уволен, а также содержатся сведения о том, какую должность занимал человек в той или иной организации.

Ван Вэй: Я слышал, что, если сотрудник заболел и лежит дома или в больнице, то ему все равно должна начисляться заработная плата. Так ли это?

Алексей: Да, это так. Но тут есть **нюансы**. Работодатель не обязан верить сотруднику на слово. В случае болезни, сотрудник должен явиться в медицинское учреждение и оформить больничный лист. Его также называют «**листок нетрудоспособности**». Деньги за период своей болезни сотрудник может получить только тогда, когда сдаст в отдел кадров заполненный медицинским учреждением листок нетрудоспособности.

Ван Вэй: А где россияне ищут работу?

Алексей: Кто-то ищет работу через знакомых, кто-то встает на учет в **центре занятости**, а кто-то ищет работу на специализированных сайтах по поиску работы.

Новые слова

1) трудовое право   劳动法

2) «Трудовой кодекс РФ»   《俄罗斯联邦劳动法典》

3) нанимать   雇佣

4) работодатель   雇主

5）несовершеннолетний　　　未成年人

6）испытательный срок　　　试用期

7）трудовая книжка　　　劳绩簿；劳动手册；记工册

8）трудовой стаж　　　工龄

9）нюанс　　　细微差别

9）листок нетрудоспособности　　　丧失劳动能力证明

10）центр занятости　　　就业中心、职业介绍所

 Фоновые знания

Биржа труда（центр занятости）

Биржа труда — учреждение, осуществляющее посредничество между предпринимателями и наемными работниками. Обычно биржа труда владеет базой данных вакансий разных предприятий и базой данных соискателей рабочих мест. Государственные биржи труда, кроме помощи в поиске работы, осуществляют общее изучение спроса и предложения рабочей силы, предоставляют информацию о требующихся профессиях, занимаются профессиональной ориентацией молодежи, производят учет безработных и выплачивают пособия. В России государственные биржи труда называются центрами занятости.

Может быть полезно

Об испытательном сроке

При заключении трудового договора может быть прописано испытание работника в целях проверки его соответствия поручаемой работе. В ходе испытания проверяются деловые и профессиональные качества человека, претендующего на ту или иную должность. Условие об испытании должно быть указано в трудовом договоре. Отсутствие в договоре такого условия означает, что работник принят без испытания.

Работнику, принятому на работу с испытательным сроком, предоставляются все права и гарантии, предусмотренные для других работников данной организации, в том числе оплата периодов временной нетрудоспособности.

По общему правилу, срок испытания не может превышать 3 месяцев. В срок испытания не засчитываются период временной нетрудоспособности работника и другие периоды, когда он фактически отсутствовал на работе. При этом срок испытания продлевается на соответствующий период.

Если срок испытания истек, а работник продолжает работу, то он считается выдержавшим испытание. При неудовлетворительном результате испытания работодатель вправе до истечения срока испытания расторгнуть трудовой договор с работником, предупредив его об этом письменно не позднее чем за 3 дня. Работодатель должен указать причины, по которым он признает работника не выдержавшим испытание. Работник вправе обжаловать решение работодателя в судебном порядке. Если в период испытания работник придет к выводу, что предложенная ему работа не подходит, то он имеет право расторгнуть трудовой договор по собственному желанию. Обязательное условие при этом предупредить о своем решении работодателя за 3 дня в письменной форме.

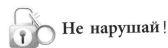 **Не нарушай!**

О «белых», «серых» и «черных» зарплатах

«Белая» зарплата — это форма работы, при которой сотрудник устроен официально и получает именно столько, сколько прописано в договоре. Полученный сотрудником доход, полностью фиксируется в бухгалтерских документах.

«Серая» зарплата — это форма работы, при которой сотрудник хотя и трудоустроен в соответствии с нормами трудового законодательства, но официально он зарабатывает весьма небольшую сумму. Основную часть зарплаты он получает неофициально.

«Черная зарплата» — это форма работы, при которой не происходит официального трудоустройства сотрудника. Такой сотрудник не платит налоги, не считается трудоустроенным и получает доход по устной договоренности с работодателем.

Получающий серую, а тем более черную зарплату гражданин рискует не получить кредит на выгодных условиях. А о таких специализированных и льготных кредитах, как, например, ипотека с государственной поддержкой и вовсе придется забыть. Еще одна особенность «цветных» зарплат состоит в том, что взыскать с работодателя долг по зарплате будет весьма затруднительно.

Улыбнись

1) Если ваш работодатель к вам хорошо относится, значит, он вам сильно недоплачивает.

2) Мужик прочитал объявление о приеме на работу на должность «человека, который решает проблемы» с зарплатой в 100 000 $ в месяц, прошел собеседование, и ему предложили сразу приступить к работе.

— У вас есть какие-нибудь вопросы? — спросил работодатель.

— Только один, — ответил мужчина, — Как вы можете позволить себе платить так много денег?

— А это будет вашей первой проблемой.

3) Работодатель и соискатель:

— Назовите вашу главную слабость.

— Я даю семантически корректные, но практически неприменимые ответы на вопросы.

— Могли бы вы привести пример?

— Да, мог бы.

Урок 2

Увольнение

Диалог

Как защитить свои права при увольнении?

Ван Вэй: Легко ли в России **уволить** сотрудника? Например, если человек не приходит на работу или постоянно опаздывает.

Алексей: Если работник **систематически** не приходит на работу и все возможные варианты решения проблемы уже были испробованы, то остается единственный вариант — уволить его за **прогулы**.

Ван Вэй: А что считается прогулом?

Алексей: Прогулом считается отсутствие на **рабочем месте** без уважительных причин в течение всего рабочего дня, а также отсутствие на рабочем месте без **уважительных причин** более четырех часов подряд в течение рабочего дня. Процедура увольнения за прогулы четко регламентирует условие — отсутствие на рабочем месте.

Ван Вэй: Но что считать рабочим местом? Кабинет, территорию компании или стул, на котором сидит во время работы сотрудник?

Алексей: В данном вопросе следует сначала изучить **должностную инструкцию** и трудовой договор с сотрудником. Например, в инструкции для рабочего может быть отмечено, что его рабочее место — конкретный номер **станка** или цеха. В таком случае, прогулом будет считаться время, которое работник провел вне цеха или не за станком. Кстати, закон позволяет уволить сотрудника и за однократный прогул.

Ван Вэй: А какие причины прогула могут считаться уважительными?

Алексей: Это может быть болезнь работника, болезнь или смерть близкого родственника, чрезвычайные ситуации, дорожные аварии либо происшествия, жилищно-коммунальные аварии и прочее.

Ван Вэй: А какие еще есть основания для законного увольнения сотрудников?

Алексей: О таких основаниях сказано в статье 81 «Трудового кодекса РФ». Например, это может быть **несоответствие работника занимаемой должности**, **сокращение работников** организации, **ликвидация** самой организации, неисполнение работником своих трудовых обязанностей, разглашение коммерческой тайны, появление на рабочем месте в состоянии алкогольного опьянения и т. д. Работодателю следует помнить, что при сокращении штатов, сокращаемым сотрудникам положены такие выплаты как: **выходное пособие**, денежную компенсацию за неиспользованный отпуск и финансовые задолженности (зарплата, премия и т. д.).

Ван Вэй: А что делать, если работодатель начнет притеснять своего сотрудника? Например, отказывать в выплате больничных, незаконно увольнять, задерживать зарплату, заставлять работать по выходным, не предоставлять отпуск и т. д.

Алексей: В таких случаях можно обратиться в Министерство труда и социальной защиты Российской Федерации. Этот орган занимается урегулированием трудовых споров. Зачастую обращение туда бывает достаточно.

Новые слова

1)	уволить	解雇
2)	систематический	系统的、一贯的、经常的
3)	прогул	旷工
4)	рабочее место	工位、工作区
5)	уважительная причина	正当的理由
6)	должностная инструкция	职务守则
7)	станок	机床
8)	не соответствовать занимаемой должности	不符合岗位要求
9)	сокращение работников	裁员

127

10）ликвидация（организации/компании）(公司)注销

11）выходное пособие   辞退补偿金

Фоновые знания

Министерство труда и социальной защиты Российской Федерации
（Минтруд России）

Министерство труда и социальной защиты Российской Федерации （Минтруд России） — федеральный орган исполнительной власти, осуществляющий функции по выработке государственной политики и нормативно-правовому регулированию в сфере демографии, труда, уровня жизни и доходов, оплаты труда, пенсионного обеспечения, включая негосударственное пенсионное обеспечение, социального страхования, условий и охраны труда, социальной защиты и социального обслуживания населения.

Может быть полезно

Законодательно определен перечень работников, которых нельзя уволить:

- женщины, находящиеся в отпуске по уходу за ребенком （ст. 256 ТК РФ）;

- беременные женщины;

- женщины, имеющие детей до трех лет;

- одинокие матери, воспитывающие ребенка в возрасте до 14 лет （ребенка-инвалида до 18 лет）.

Не нарушай!

Работай законно!

Работодатель и заказчик работ （услуг） имеют право привлекать и использовать иностранных работников только при наличии разрешения на привлечение и использование иностранных работников, а иностранный гражданин имеет право осуществлять трудовую деятельность в случае, если он достиг возраста восемнадцати лет, при наличии разрешения на работу или патента. Указанный порядок не распространяется на следующих иностранных граждан:

- сотрудники дипломатических представительств, работники консульских учреждений иностранных государств в Российской Федерации, сотрудники международных организаций, а также частные домашние работники указанных лиц;

- работники иностранных юридических лиц (производителей или поставщиков), выполняющих монтажные работы, сервисное и гарантийное обслуживание, а также послегарантийный ремонт поставленного в Российскую Федерацию технического оборудования;

- журналисты с аккредитацией в Российской Федерации;

- иностранцы, учащиеся в профессиональных образовательных организациях и образовательных организациях высшего образования, и выполняющих работы (оказывающих услуги) в течение каникул;

- обучающиеся в Российской Федерации в профессиональных образовательных организациях и образовательных организациях высшего образования и работающих в свободное от учебы время в этих образовательных организациях;

- лица, приглашенные в Российскую Федерацию в качестве научных или педагогических работников, в случае их приглашения для занятия научно-исследовательской или педагогической деятельностью по имеющим государственную аккредитацию образовательным программам высшего образования;

- прибывшие в Российскую Федерацию не более чем на тридцать

дней для осуществления гастрольной деятельности;

· признанные беженцами на территории Российской Федерации.

 Улыбнись

1) Разговаривают двое:

— Шеф нашей фирмы — любезнейший человек.

— Почему вы так думаете?

— Он вызвал меня и сказал: «Я не представляю, как я сумею обойтись без вас, но все-таки с нового года я попробую».

2) На углу улицы стоит нищий с помятой шляпой в руках. Мимо проходит элегантно одетый мужчина, останавливается и говорит: «Здравствуй, Иван! Все твои бывшие коллеги по работе в восхищении от того, как мужественно ты высказал свое мнение шефу».

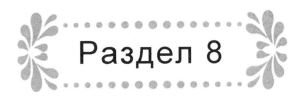

Раздел 8

Открытие компании

Урок 1

Организационно-правовые формы коммерческих организаций

Диалог

Как выбрать форму бизнеса?

Ван Вэй：Алексей, возможно, я скоро открою свое дело. Расскажи, как выбрать **форму ведения деятельности**.

Алексей：В основном, начинающие выбирают из двух форм ведения деятельности, или, как еще говорят, «форм бизнеса». Это **ИП** и **ООО**. ИП — это индивидуальный предприниматель, а ООО — это общество с ограниченной ответственностью.

Ван Вэй：А в чем разница?

Алексей：У каждой из этих форм есть свои плюсы и минусы. Давай начнем рассмотрение этого вопроса с ИП. Обычно ИП предпочитают новички, то есть представители **малого бизнеса**. Их основные направления деятельности — розничная торговля, мелкое производство и прочие виды деятельности, где нет большого **документооборота**. Одним из плюсов является то, что для ИП не обязательно наличие офиса. Можно вести дела прямо из дома. Кроме того, для ИП установлены низкие штрафы за различные нарушения. Все заработанные средства переходят во владение предпринимателя. Но у этой формы есть и минусы. Например, предприниматель отвечает всем своим имуществом, а ООО только имуществом ООО.

Ван Вэй：Я понял. Если вы только начинаете заниматься бизнесом, то более подходящим вариантом является ИП.

Алексей：Следующий вариант, который имеется в распоряжении предпринимателя — это ООО. Сразу стоит отметить плюсы этой формы собственности. Главное преимущество заключается в зоне ответственности руководителя. В случае **банкротства** основные потери бизнесмена будут связаны с **уставным капиталом**. При этом личными средствами руководитель не рискует. Нельзя игнорировать и имиджевую составляющую, ведь работать с ООО престижнее, чем сотрудничать с ИП. Если ты планируешь заниматься бизнесом с другими странами, то лучше всего подходит вариант с ООО.

Ван Вэй: Да, я, действительно, хотел бы заниматься бизнесом с другими странами. А есть ли у вас какой-то орган, который мог бы помочь мне в этом?

Алексей: Да, есть. Этот орган называется Торгово-промышленная палата (ТПП). ТПП выполняет много задач и функций, а в том числе и содействует развитию экспорта российских товаров и услуг, оказывает практическую помощь российским организациям и предпринимателям в установлении деловых связей с иностранными партнерами.

Ван Вэй: А какие еще есть причины открывать именно ООО, а не ИП?

Алексей: ООО проще получить кредит, **привлечь инвестиции** и открыть **франшизу**.

Ван Вэй: А что такое франшиза?

Алексей: Франшиза или франчайзинг — это разновидность сотрудничества, при которой одна компания за плату передает права работы под своим брендом другой компании или нескольким компаниям.

Ван Вэй: А чем может заниматься ООО?

Алексей: ООО разрешено заниматься любым видом деятельности в отличие от ИП, которому нельзя производить алкоголь, оружие и лекарства, осуществлять охранные услуги и инвестиционную деятельность.

Ван Вэй: А кто принимает решения в ООО?

Алексей: Если в обществе не один основатель, все решения они принимают путем голосования. А прибыль получают пропорционально своим вложениям или как договорятся.

Ван Вэй: Ты рассказал только о плюсах. А есть ли минусы?

Алексей: У этой формы собственности имеются и минусы. Среди них: большие временные и денежные затраты на регистрацию, обязательное наличие офиса, обязательное наличие бухгалтера, высокие ставки налогов, внушительные штрафные санкции.

 **Новые слова**

1) форма ведения деятельности	经营形式
2) ИП	个人企业
3) ООО	有限责任公司
4) малый бизнес	小型企业/小型商业业务
5) документооборот	文件运转,凭证传递
6) банкротство	破产
7) уставной капитал	注册资本
8) привлекать инвестиции	吸引投资
9) франшиза	加盟、特许经营

 Фоновые знания

Торгово-промышленная палата[①]

Торгово-промышленная палата（ТПП）РФ — это негосударственная некоммерческая общественная организация, оказывающая содействие национальным производственным, коммерческим, иным предприятиям и организациям в установлении, поддержании и расширении деловых контактов с зарубежными партнерами; оказание им практической помощи в экспортной деятельности, использовании эффективных форм экономического сотрудничества; содействует привлечению инвестиций в экономику Российской Федерации.

---

① торгово-промышленная палата 俄罗斯工商会

Может быть полезно

Основные ошибки начинающих бизнесменов:

- Неправильный выбор организационно-правовой формы. Зачастую начинающим бизнесменам достаточно зарегистрироваться как ИП. Ведь, имея статус ИП, проще выводить деньги, а если бизнес не будет приносить денег и человек захочет завершить его, то ИП закрыть проще, чем ООО.

- При регистрации ООО не делите доли 50 на 50. Ведь в случае возникновения разногласий со вторым соучредителем, вы можете оказаться в патовой ситуации. И вам не поможет ни один юрист.

- Не пользуйтесь шаблонными уставами ООО из интернета. Лучше наймите юриста, который разработает устав именно для вашей компании и под ваши нужды.

- Не используйте в своей деятельности шаблонные договоры из интернета. Поручите составление договоров юристам. Оплатив единожды услуги юриста, вы будете пользоваться договорами очень долго и сможете обезопасить себя.

- Не работайте без лицензии. Некоторые виды деятельности требуют оформления лицензии. За работу без лицензии предусмотрена уголовная ответственность.

- Изучите «Закон о рекламе». В России закон о рекламе устанавливает довольно много ограничений на внешний вид и содержание рекламы.

Не нарушай!

Ответственность за незаконное предпринимательство

«Кодекс об административных правонарушениях РФ» предусматривает штрафные санкции. За незаконное предпринимательство штраф в 2020 году составлял минимум 500 рублей, максимум 2 000 рублей. Осуществление физическим лицом лицензируемых видов деятельности без лицензии влечет за собой штраф от 2 000 до 2 500 рублей. Продукция и средства производства могут быть конфискованы.

 Улыбнись

1) Диалог в банке:

— Почему ваш банк отказал мне в кредите на открытие бизнеса?

— А что за странный такой бизнес-план из одного пункта — «Покупка 10 000 лотерейных билетов?»

2) Разговаривают двое:

— Это замечательно! Вы открыли фирму всего шесть месяцев назад, и у вас уже миллион долларов. Как вы этого добились?

— Ну, это очень просто. Я начал с двух миллионов...

3) Разговор двух бизнесменов:

— Как тебе удалось добиться того, что твои сотрудники никогда не опаздывают?

— Очень просто: у меня работает 30 человек, а мест для парковки всего 20.

Урок 2

Регистрация компании

Диалог

Как зарегистрировать фирму?

Ван Вэй: Теперь я знаю, как выбрать форму бизнеса. Следующий вопрос, с которым я бы хотел разобраться — это регистрация бизнеса.

Алексей: Конечно же ООО зарегистрировать сложнее, но я попытаюсь объяснить тебе все шаги доступным языком. Во-первых, необходимо придумать название организации. Ты со своим **соучредителем** должен заранее договориться о наименовании компании. Название компании должно быть полным и на русском языке. Например: Общество с ограниченной ответственностью «Лотос». Оно будет использоваться во всех документах и на печати. Еще у организации может быть дополнительное название на иностранном языке. Это важно, если компания планирует работать с зарубежными партнерами. Во-вторых, необходимо оформить **юридический адрес**. На основании юридического адреса компанию поставят на учет в районную **налоговую инспекцию**, сюда будут приходить все бумаги. Сотрудники из налоговой инспекции также будут приходить по этому адресу. Зарегистрировать юридический адрес можно в собственном **нежилом помещении**, в арендованном помещении и по домашнему адресу. В-третьих, нужно выбрать коды видов деятельности. Это можно сделать в Общероссийском классификаторе видов экономической деятельности — **ОКВЭД.** Но выбирайте с умом. Учитывайте, что первый указанный вами код будет считаться основным. Те коды, которые вы укажите при регистрации станут основой специфики вашего бизнеса. Деятельность вне этих кодов будет считаться для вас неразрешенной. Например, если, согласно вашим кодам, вы торгуете одеждой, то вам нельзя торговать овощами и фруктами. В-четвертых, следует выбрать **систему налогообложения**. От этого зависит, сколько денег будет уходить на налоги. В-пятых, нужно оплатить госпошлину.

Ван Вэй: А это дорого?

Алексей: На 2020 год она составляет 4 000 рублей. Если учредителей несколько, каждый должен оплатить свою долю по отдельной квитанции. Двое учредителей отдадут по 2 000 рублей, трое — по 1 334 рубля. В-шестых, необходимо подать заявление на регистрацию в налоговую. Это можно сделать лично — в налоговой инспекции или онлайн — на сайте ФНС. Для регистрации ООО понадобятся следующие документы: заявление о регистрации юридического лица, решение о создании юридического лица, устав юридического лица. Налоговая инспекция примет документы и зарегистрирует компанию в течение трех дней. После этого тебе останется получить документы о регистрации ООО. Если в регистрации общества откажут, ты получишь специальную бумагу с указанием причины отказа. В этом случае нужно исправить неточности и подать документы еще раз. Госпошлину придется оплатить снова. После того, как ООО будет зарегистрировано, тебе нужно будет открыть **расчетный счет** и внести уставный капитал. В самом конце, тебе останется купить и зарегистрировать кассовый аппарат и сделать печать, если нужно.

Ван Вэй: С ООО все понятно. А как зарегистрировать ИП?

Алексей: Для начала нужно собрать требуемые документы. В пакет документов входят: паспорт, **ИНН**, квитанция об оплате государственной пошлины. Далее нужно подать заявление в налоговую инспекцию. Вариантов несколько. Вы либо сами относите все. Либо же назначаете доверенное лицо, которое делает это за вас. Но в таком случае не забудьте о необходимости заверить все у нотариуса. Само заявление в налоговую состоит из пяти страниц. В бланке указываются ваши ФИО, телефон, адрес электронной почты, данные по паспорту, выбранные заранее коды ОКВЭД, а также номер ИНН. После этого, надо выбрать систему налогообложения. После регистрации у тебя будет до тридцати дней для того, чтобы составить заявление на определенный режим взимания налогов.

Ван Вэй: Ясно. А сколько стоит зарегистрировать ИП?

Алексей: Госпошлина за регистрацию — 800 рублей.

Ван Вэй: А много ли времени требуется для регистрации ИП?

Алексей: Обычно около 5 рабочих дней. После этого тебе выдадут документы, подтверждающие, что ты теперь ИП.

Ван Вэй: А имеет ли значение в какую налоговую инспекцию подавать документы?

Алексей: Ты можешь вести бизнес где угодно, но подавать документы должен по месту твоей прописки.

Ван Вэй: А что делать, если мне неудобно, или нет возможности самому прибыть в налоговую инспекцию?

Алексей: В таком случае, ты можешь отправить все необходимые документы по почте заказным письмом.

Ван Вэй: А могут ли отказать в регистрации ИП?

Алексей: Да. Такие случаи бывают. В регистрации могут отказать в следующих случаях: ты подал документы с неверными данными, ошибками или опечатками, не все нужные документы были прикреплены к заявлению о регистрации, ты выбрал неправильное место для того, чтобы подать пакет документации или на тебя наложен запрет на ведение предпринимательской деятельности и срок запрета еще не истек.

Ван Вэй: Я не уверен, что у меня получится сделать все это самостоятельно. А может ли мне кто-нибудь помочь?

Алексей: В России работает много фирм, которые оказывают услуги по регистрации ООО и ИП «**под ключ**». За небольшую плату они быстро и профессионально сделают все за тебя.

Ван Вэй: Бизнес — это всегда риск. В силу разных причин у партнеров не всегда получается исполнить свои обязательства, что приводит к спорам и разногласиям. Меня волнует вопрос о том, как решаются спорные ситуации среди предпринимателей.

Алексей: Споры между ИП или ООО решаются в арбитражном суде.

Новые слова

1）соучредитель   共同发起人

2）юридический адрес   法定地址

3）налоговая инспекция   税务监察局

4）нежилое помещение   非居住用房屋

5）ОКВЭД   全俄罗斯经济活动分类手册

6）система налогообложения   纳税方式、税收制度

7）квитанция   收据

8）расчетный счет   银行账户、结算账户

9）ИНН   纳税人统一编号

10）«Под ключ»   交钥匙方式（交钥匙工程是国际
商务方式之一。跨国公司为东道
国建造工厂或其他工程项目，一
旦设计与建造工程完成，包括设
备安装、试车及初步操作顺利运
转后，即将该工厂或项目所有权
和管理权的"钥匙"依合同完整
地"交"给对方，由对方开始
经营。）

 Фоновые знания

Арбитражный суд[①]— постоянно действующий официальный государственный орган, осуществляющий правосудие в сфере предпринимательской и иной экономической деятельности.

---

① Арбитражный суд 仲裁法院，相当于商事法院。

В компетенцию арбитражного суда входит урегулирование возникающих вопросов между отдельными юридическими лицами, а также между ИП. Все решения, которые принимаются арбитражным судом, являются окончательными и не подлежат процедуре обжалования.

 ## Может быть полезно

5 полезных советов тем, кто собирается запустить свой бизнес

1) Опишите идею на бумаге.

Бизнес начинается с идеи. Это действительно так. И главная задача на первом этапе — представление своей бизнес-идеи на бумаге. После того как вы напишете несколько слов о своей задумке, многое станет понятным. Так вы не только структурируете ваши мысли, но и восполните пробелы, которые будут выявлены в процессе. После этого поделитесь своей идеей с близкими людьми. Их вопросы и замечания помогут вам внести корректировки и дополнить план.

2) Определитесь с расходами на запуск.

• регистрация вас как ИП или юридического лица;

• создание собственного сайта;

• аренда помещения;

• телефония;

• набор необходимого персонала;

• дизайн и печать полиграфии (возможно, упаковки);

• вложения в продвижение компании.

Не забудьте отложить около 20% получившейся суммы на непредвиденные расходы!

3) Составьте план продаж и издержек.

Отличное решение — составить три плана:

• Оптимистичный. Это план идеальной реализации вашего бизнеса: высочайший спрос, большое количество клиентов. Запишите на бумаге, сколько клиенты покупают у вас ежедневно. Так вы сможете посчитать, сколько вам удастся продать за целый месяц.

· Реалистичный. А теперь уменьшите цифры из предыдущего плана на 30% и снова запишите.

· Пессимистичный. Представьте, что продажи на старте невысоки, клиентов намного меньше, чем вы предполагали изначально. Лучше придерживаться данного плана. Так вы не обманетесь в ожиданиях.

4) Ответьте себе на следующие вопросы:

· Нужен ли вашему бизнесу еще один руководитель помимо вас?

· Отдадите ли вы часть работ на аутсорсинг или весь персонал будет штатный[①]?

· Какого графика работы вы будете придерживаться?

· Определите систему оплаты труда ваших сотрудников. Оклад, процент, премии, бонусы или даже нематериальные награды.

· Будет ли у вас внутреннее корпоративное обучение, нужно ли оно в вашей сфере?

5) Назначайте цены правильно.

Не забывайте о том, что клиент охотнее покупает товар, цена которого представлена некруглым числом. Снижение цены всего на одну копейку (вместо 10 рублей — 9,99) может увеличить продажи на 30% – 50%.

 # Не нарушай!

Уголовная ответственность учредителя может наступить, когда речь идет об одном из уголовно наказуемых деяний из списка:

1) Преднамеренное банкротство. Если доказано, что учредитель или собственник намеренно привели компанию к банкротству, то им грозит

---

① Штатный персонал 在编职员

либо штраф до полумиллиона рублей, либо принудительные работы до пяти лет, либо они окажутся за решеткой① на срок до 6 лет.

2) Фиктивное банкротство. За подачу заведомо ложного сообщения о несостоятельности компании предусмотрено наказание вплоть до шести лет лишения свободы.

 Улыбнись

1) Встречаются как-то два бизнес-тренера и один другого спрашивает:

— Как увеличить продажи?

— Могу рассказать…

— Рассказать и я могу, а вот как увеличить?

2) Разговор двух бизнесменов:

— Чем сейчас занимаешься?

— Оптимизацией② своих расходов.

— Увольняешь лишних сотрудников?

— Нет, расстаюсь с любовницей, развожусь с женой.

---

① оказаться за решеткой 送进监狱
② оптимизация 这里指通过优化公司运营和生产流程减少开销。